MARCO ⊕ POLO

Reisen mit
**Insider
Tipps**

USA SÜDWEST

LAS VEGAS, COLORADO, NEW MEXICO,
ARIZONA, UTAH

W0063684

Las Vegas · Utah · Colorado · Kansas
USA-Südwest
Los Angeles · Arizona · Missouri
Phoenix · New Mexico · Arkansas · Oklahoma
Texas

MEXIKO

MARCO POLO Autor
Karl Teuschl

Der auf Amerika spezialisierte Autor und Filme-
macher spürt seit über 20 Jahren neue Themen
und Trends im Westen der USA auf. Er studierte in
Los Angeles und arbeitet heute als Nordamerika-
Korrespondent von GEO-Saison. Spannend findet er
insbesondere Themen wie die rasante Entwicklung
des Westens, der historische Santa Fe Trail oder die
Route 66, zu denen er auch Filmprojekte realisierte.

www.marcopolo.de/usa-suedwest

Die besten Insider-Tipps → S. 4

INSIDER TIPP

Best of ... → S. 6

Las Vegas → S. 32

Arizona → S. 42

SYMBOLE

INSIDER TIPP   Insider-Tipp

★   Highlight

● ● ● ●   Best of ...

☼   Schöne Aussicht

☺   Grün & fair: für
ökologische oder faire
Aspekte

**PREISKATEGORIEN
HOTELS**

€€€   über 150 Euro

€€   80 – 150 Euro

€   unter 80 Euro

Die Preise gelten pro Doppel-
zimmer und Nacht zur Hochsaison ohne Frühstück. Einzel-
zimmer sind selten billiger

**PREISKATEGORIEN
RESTAURANTS**

€€€   über 30 Euro

€€   15 – 30 Euro

€   unter 15 Euro

Die Preise gelten für ein
Hauptgericht mit Suppe oder
Salat inkl. Steuern/15 Prozent
Trinkgeld

INHALT

Utah → S. 62

Ausflüge & Touren → S. 100

Sport & Aktivitäten → S. 106

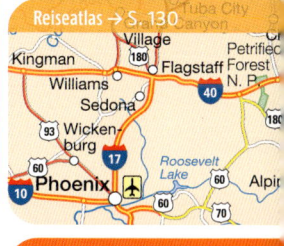
Reiseatlas → S. 130

GUT ZU WISSEN
Geschichtstabelle → S. 12
Spezialitäten → S. 26
Blitzüberflutungen → S. 46
Klippensiedlungen → S. 81
Bücher & Filme → S. 87
Währungsrechner → S. 120
Wetter in Phoenix → S. 122
Was kostet wie viel? → S. 123
Aussprache → S. 124

KARTEN IM BAND
(132 A1) Seitenzahlen und
Koordinaten verweisen
auf den Reiseatlas
Es sind auch Objekte mit Ko-
ordinaten versehen, die nicht
im Reiseatlas stehen
Karte von Las Vegas → S. 38
Karte von Tucson → S. 59
Karte von Denver → S. 96
Karten vom Grand Canyon,
von Phoenix und Salt Lake
City im hinteren Umschlag

**UMSCHLAG HINTEN:
FALTKARTE ZUM
HERAUSNEHMEN →**

FALTKARTE
(A–B 2–3) verweist
auf die herausnehmbare
Faltkarte

Die besten MARCO POLO Insider-Tipps

Von allen Insider-Tipps finden Sie hier die 15 besten

INSIDER TIPP ▶ Radeln am Canyon

Geben Sie sich die Kante! Seit eine Radvermietung am *Grand Canyon* eröffnet hat, bieten sich ganz neue Möglichkeiten, die Panoramen am Südrand der Schlucht zu erfahren → S. 49

INSIDER TIPP ▶ Wasserspiele in der Wüste

Verrücktes Las Vegas: Das *Mandalay Bay Casino* glänzt mit Haifischaquarium und einem eigenen Sandstrand → S. 36

INSIDER TIPP ▶ Ein perfekter Drink zum Sunset

Auf der Terrasse des *Voodoo Steak & Lounge* des Kasinohotels Rio Suite haben Sie den schönsten Blick über die flimmernde Skyline von Las Vegas → S. 39

INSIDER TIPP ▶ B & B in der Schule

Gute Nacht! Im *Schoolhouse Inn* in Bisbee dürfen Sie in den Klassenzimmern völlig ungestraft einnicken → S. 44

INSIDER TIPP ▶ Winnetou spielen im Land der Apachen

Auf der *Apache Spirit Ranch* bei Tombstone im Süden Arizonas werden Ihre Jugendträume wahr: Sie schlafen in einem Wildweststädtchen und reiten mit Apachen und Cowboys in die Berge ringsum → S. 58

INSIDER TIPP ▶ Haben Sie Appetit auf Steak?

Ein dickes Steak vom Holzkohlengrill, nebenan das Monument Valley – stimmungsvoller kann ein Wildwestabend nicht werden. Machbar im Lokal *Swinging Steak* in Mexican Hat → S.52

INSIDER TIPP ▶ Wildnis erleben

Im Tipi schlafen, Kanu fahren, ohne Strom und Fernsehen leben – ganz wie einst die Trapper und Indianer. Das bietet das *Red Cone Retreat* einer deutschen Auswanderin in Colorado. Kulisse sind die Berge nördlich von Telluride → S. 99

BEST OF ...

TOLLE ORTE ZUM NULLTARIF
Neues entdecken und den Geldbeutel schonen

● **Nachts am Strip**
Zahlreich sind in Nevadas Glitzerstadt die Gratisattraktionen auf dem allabendlich hell erleuchteten Las Vegas Boulevard: Wasserspiele vor dem Bellagio und gigantische Leuchtreklamen, ein dampfender Vulkan mit Lightshow und das Spektaktel der Sirens of TI, bei dem direkt am *Strip* ein Schiff untergeht → **S. 36**

● **Mormonen verstehen**
Kostenlos führen junge Mormonen durch den *Temple Square* in Salt Lake City. Hier liegt das Zentrum ihrer Religion, die vor allem konservative Werte pflegt → **S. 71**

● **Neumexikos Kunst für lau**
Eigentlich müssten die Galerien an der *Canyon Road* in Santa Fe, New Mexico Eintritt verlangen. So gut und museumsreif ist die moderne Kunst, die hier zu bewundern ist. Tun sie aber nicht (Foto) → **S. 85**

● **Oldtimer-Nostalgie in Las Vegas**
Chevys aus den 1950er-Jahren, alte Cadillacs und sogar ein Wagen von Elvis stehen im Imperial Palace Hotel zur Schau. Und wenn Sie sich von der Website der *Auto Collections at the Quad* einen Coupon herunterladen, kommen Sie umsonst hinein → **S. 35**

● **Auf Schatzsuche bei den Indianern**
Spannendes über Kultgegenstände, Webwaren und die Geschichte der Ureinwohner des Südwestens erfahren Sie bei einem Besuch des kleinen, aber hervorragenden *Wheelwright Museum* in Santa Fe. Dazu zeitgenössische Kunst der Navajos. Sieben Tage in der Woche bei freiem Eintritt → **S. 84**

● **Gebändigte Wasserkraft**
Gigantische Ausmaße hat die Talsperre, die den Colorado aufstaut. Während die Führungen am Glen Canyon Dam 5 $ kosten, ist die informative Ausstellung im *Carl Hayden Visitor Center* zum Bau und zur Technik des Staudamms völlig kostenlos → **S. 51**

●●●●● Diese Punkte zeichnen in den folgenden Kapiteln die Best-of-Hinweise aus

● Blick in den Grand Canyon

Es ist, als würde plötzlich der Boden aus der Landschaft fallen, wenn Sie an den Rand des Abgrunds treten. 1600 m geht es steil in die Tiefe – und ebenso steil und schweißtreibend wieder hinauf, falls Sie den Treck bis ganz unten unternehmen (Foto) → S. 48

● Ein dickes Steak verdrücken

Zuerst eine Fahrt oder ein Ausritt im Monument Valley, danach ein Steak vom offenen Grill gleich nebenan im Örtchen *Mexican Hat.* Klassischer kann ein Tag im Southwest nicht sein → S. 52

● Nach Schmuck stöbern

Ein Silberring oder eine Kette mit roten Korallen passen gut zum Western-Outfit. Die Navajo- und Zuni-Indianer in der Four-Corners-Region um *Gallup* fertigen die schönsten Schmuckstücke → S. 83

● Durch die Kakteenwüste reiten

John Wayne lässt grüßen: Dank der großartigen Wüstenkulisse mit zehn Meter hohen Saguaro-Kakteen fühlt man sich auf der *White Stallion Ranch* bei Tucson wie im Film. Ausreiten, Steak grillen, kühle Margaritas trinken – so macht der Wilde Westen Spaß → S. 108

● Den Anasazi nachspüren

Steinerne Festungen, viele Kilometer lange Wasserleitungen, mehrstöckige „Apartmenthäuser" – das Bauernvolk der Anasazi hinterließ vor 800 Jahren viele mysteriöse Bauten. Die eindrucksvollsten bleiben im *Mesa Verde National Park* erhalten → S. 99

● Boot fahren auf dem Lake Powell

Den gewaltigen Stausee (3000 km Küstenlinie!) am Colorado River müssen Sie vom Wasser aus kennenlernen: gemütlich per Hausboot oder spritzig in einem kleinen Motorboot – ein Führerschein ist auf dem *Lake Powell* nicht nötig → S. 50

● Kaltes Bier und Country-Flair

Eine gute Kneipe mit frisch gezapftem Bier, Country-Sänger auf der kleinen Bühne, Harleys vor der Tür. Der urige *Rusty Spur Saloon* mitten im eleganten Scottsdale bietet genau das → S. 55

TYPISCH

BEST OF ...

SCHÖN, AUCH BEI REGEN & HITZE
Aktivitäten, die Laune machen

● *Besuch bei der Mafia*
Nicht nur bei Regen, auch wenn es draußen 50 Grad hat, ist das *Mob Museum* hinter den kühlen Mauern des alten Gerichts in Las Vegas ideal für einen Besuch: Zu sehen gibt es alles über Mafia-Gangster – und über ihre Jäger vom FBI → S. 36

● *Tropfsteine gucken*
Gut 80 m tief im Kalkgestein unter den Wüstenbergen südlich von Tucson, Arizona ist der Regen weit weg – aber hin und wieder nötig. Das Wasser sickert erst Monate später durch den Fels und schafft die Wunderwelt der *Kartchner Caverns* → S. 61

● *Wildwest-Panoramen genießen*
Dauerregen ist in den berühmten Westernlandschaften um das *Monument Valley* selten. Meist sind es einzelne Gewitterwolken, die im Sommer über die roten Monolithen ziehen. Bei den kurzen Güssen lassen sich bestens Regenbögen fotografieren → S. 52

● *Cooles Shopping*
Regnen wird es in Phoenix selten, aber ein klimagekühlter Einkaufsbummel ist auch bei brüllenden 40 Grad ideal, z. B. in Shoppingparadiesen wie dem gigantischen *Scottsdale Fashion Square* (Foto). Mehr als 250 Läden lassen hier Ihre Kreditkarte heiß laufen → S. 55

● *Ab in die Urzeit*
Schöner als von der Terrasse des *Natural History Museums* hoch über Salt Lake City lassen sich Gewitterwolken nicht beobachten. Im trockenen Inneren warten tolle Dino- und Indianerausstellungen → S. 71

● *Mit Promis bechern*
Wasserdicht sind auch die Hollywood-Stars von Aspen nicht. Wenn's regnet, sitzen sie in den Cafés und Kneipen des Nobelurlaubsorts. Etwa in der herrlichen historischen Bar des *Hotel Jerome* → S. 91

REGEN

ENTSPANNT ZURÜCKLEHNEN
Durchatmen, genießen und verwöhnen lassen

● **Burger und Dessert mit Blick**
Von der Terrasse des *Serendipity 3* vor dem Caesars Palace lässt sich das Treiben am Las Vegas Strip prima beobachten. Am schönsten am Spätnachmittag bei einem Drink und einem riesigen, superleckeren Eisbecher → S. 37

● **Japanisches in New Mexico**
Ultimative Entspannung ist hier garantiert. In den Bäderanlagen von *Ten Thousand Waves* in Santa Fe können Sie erst im privaten heißen Pool dümpeln und danach eine japanische Yasuragi-Massage genießen → S. 85

● **Die Zeitlosigkeit uralter Bäume spüren**
Mehr als 3000 Jahre alt werden die Bristlecone Pines, eine seltene Kiefernart. Setzen Sie sich im *Cedar Breaks Nat. Monument* in den Bergen von Südutah neben einen dieser Methusaleme. Was spielen Zeit und Hektik hier noch für eine Rolle? → S. 75

● **Picknick am Dead Horse Point**
Island in the Sky, die Insel im Himmel heißt das Felsplateau hoch über dem Canyon des Colorado River bei Moab. Und man fühlt sich wirklich, als schwebte man zwischen Erde und Himmel. Holen Sie sich Picknick-zutaten im Ort und setzen Sie sich im *Dead Horse Point State Park* an den Rand der Klippe (Foto) → S. 69

● **Kraft schöpfen in Sedona**
Vortex heißen die Kraftpunkte der Erde nach dem Glauben der New-Age-Jünger. Die phantastische rote Felsenlandschaft um *Sedona* hat gleich ein halbes Dutzend solcher Knotenpunkte kosmischer Energie. Machen Sie sich auf die Suche! → S. 56

● **Kuren im Wilden Westen**
In den heißen Quellen von *Ouray* saßen früher die Goldgräber, heute die Touristen für eine Wellnesskur. Die grandiose Kulisse der San Juan Mountains ringsum ist jedoch noch immer dieselbe → S. 98

ENTSPANNT

AUFTAKT

ENTDECKEN SIE DEN SÜDWESTEN DER USA!

Rote Canyons, alte indianische Siedlungen, blühende Kakteen und glitzernde Spielkasinos: Keine amerikanische Region unterscheidet sich so von Europa wie die Wüstenstaaten des Südwestens. Vor beeindruckenden Kulissen gibt es eine Fülle von Angeboten für einen aktiven Urlaub: ein Ausritt am Fuß der Rocky Mountains, eine Biketour in die Wüste, ein Raftingtrip durch einen einsamen Canyon. Alles kein Problem und schnell organisiert. Und als Lohn für den Schweiß wartet ein eiskalter Margaritacocktail auf der Terrasse der nächsten Bar.

Seit John Ford 1939 den Westernklassiker „Ringo" im Monument Valley drehte, ist der amerikanische Südwesten fest in der Kinomythologie verankert. Die roten Felsmonolithen, die Canyons und einsamen Wüsten gaben immer die perfekte Kulisse für die Filmhelden ab, die auf der Suche nach Freiheit und Abenteuer die amerikanischen Landschaften durchstreiften. Die legendärste Fern(weh)straße der Welt ist die Route 66. Auf ihr treckten in den 1930ern Zehntausende sehnsuchtsvoll in Richtung Kalifornien. Billy the Kid und Butch Cassidy trieben – kaum 100 Jahre her – im

Bild: Delicate Arch im Arches National Park

Wo die großen Herden weiden: Rinder- und Cowboyland Colorado

Südwesten ihr (Un-)Wesen, und Goldgräber stampften über Nacht Boomtowns aus dem steinigen Boden. Doch auch ohne Pioniersagas und Highwaynostalgie kann die Region als Traumziel mühelos bestehen: Spektakuläre Naturwunder wie der Grand Canyon und viele weitere Schluchten und Nationalparks, ein trockenes, fast immer sonniges Klima und eine hervorragende Infrastruktur machen den Südwesten zu einem idealen Urlaubsrevier.

Ein Gebiet, gut viermal so groß wie Deutschland

Vier Staaten zählen zum klassischen Südwesten: Arizona und New Mexico im Süden, Colorado und Utah im Norden. Ein Gebiet, gut viermal so groß

Ab 28 000 v. Chr.
Paläo-Indianer kommen über die Beringstraße und besiedeln Amerika

Um 1600
Beginn der spanischen Kolonisierung und Missionierung von New Mexico, 1610 wird Santa Fe gegründet

1776
Unabhängigkeitserklärung der USA

1847
Die Mormonen besiedeln das Wüstengebiet am Great Salt Lake

Ab 1849
Gold- und Silberfunde locken weiße Pioniere nach Colorado, Arizona und New Mexico

wie Deutschland, in dem aber nur etwa 16 Mio. Menschen leben. Als Ausgangspunkt für Touren eignet sich besonders gut die bizarre Spielerstadt Las Vegas, die allerdings bereits im Nachbarstaat Nevada liegt.

Kernstück der Region ist das Colorado Plateau, ein gewaltiger Gesteinsblock, der vor 10 Mio. Jahren als Folge der Kontinentalverschiebungen angehoben wurde. Flüsse, Wind und Wetter haben spektakuläre Canyons in das Gestein geschnitzt. Im Norden Arizonas und in Südutah sind diese monumentalen Naturdenkmäler heute in zahlreichen Nationalparks geschützt: Grand Canyon, Zion, Bryce Canyon, Capitol Reef, Canyonlands und nicht zuletzt der märchenhafte Arches National Park mit seinen bizarren Felsbögen.

Südlich des Colorado Plateaus schließen die großen Wüsten der Sonora Desert an, die von den kargen Landschaften Zentralarizonas bis weit nach Osten zu den weißen Gipsdünen des White Sands National Monument reichen. Vor allem in der Region um Tucson zeigt sich die Wüste von ihrer schönsten Seite: Gewitterstürme im Sommer und der Winterregen bringen genug Feuchtigkeit, um eine einzigartige

> **Weiße Gipsdünen und große Kakteenwälder**

Flora mit großen Kakteenwäldern gedeihen zu lassen. Dass es dabei Richtung Süden immer öder und heißer wird, stimmt nur bedingt. Hier und dort sind in die weiten Ebenen Bergketten eingestreut, die mit angenehm frischen Temperaturen erfreuen.

1864 Der „lange Marsch" der Navajo-Indianer in die Verbannung nach New Mexico

1869 Die erste Zugverbindung zwischen Ost und West

1886 Mit der Niederlage der Apachen geht der letzte Indianerkrieg im Südwesten zu Ende

1926 Eröffnung der 3600 km langen „Route 66"

1941 In der Wüste von Arizona werden Piloten ausgebildet, und in den Geheimlabors von Los Alamos entwickelt man eine Atombombe

Nicht nur die Natur fasziniert im Südwesten. Die Menschen der Region bilden ein vielfältiges Mosaik aus drei extrem unterschiedlichen Kulturen: Schon vor 1000 Jahren florierten hier die Hochkulturen der Anasazi- und Hohokam-Indianer, die Mais anpflanzten und steinerne Städte in die Klippen der Canyons bauten. Ihre Traditionen setzen sich in den Pueblo-Stämmen am Rio Grande und bei den Hopi-Indianern Arizonas fort. Die ersten Weißen kamen ab 1540 in die Region – spanische Glücksritter und Missionare, die im Auftrag von Krone und Kirche das Land entlang des Rio Grande eroberten. Die Hauptstadt ihres Reichs „Nuevo México" wurde 1610 Santa Fe – eine der ältesten weißen Siedlungen Amerikas. Auch wenn die *conquistadores* schließlich weichen mussten, das spanisch-mexikanische Flair ist besonders in New Mexico noch deutlich zu spüren.

Um 1820 drangen die ersten US-Amerikaner von Osten her in die Region vor. Pelzhändler überquerten auf der Suche nach Biberfellen die Rocky Mountains, 1821 erkundete der Händler William Becknell einen Pfad vom Mississippi bis nach Nuevo México: den später berüchtigten Santa Fe Trail. Die Angloamerikaner wurden die neuen Herren des Südwestens, und die Zeit des Wilden Westens begann: Revolverhelden nahmen den Goldgräbern ihre Funde ab, Banditen überfielen die Postkutschen, Viehdiebe machten den Ranchern das Leben schwer.

1860–86 unterwarf die Kavallerie in blutigen Kriegen die letzten freien Indianerstämme und drängte die Ureinwohner der USA in Reservate – eine Zeit bitterer Erinnerungen für die Navajos und Apachen. Nach langer Unterdrückung der indianischen Kultur hat erst in den letzten Jahrzehnten ein Umdenken stattgefunden. Der Umgang mit den Indianern wird heute von einer spürbaren Sensibilität und deutlichem Respekt vor ihren Traditionen, Symbolen und Sprachen geprägt. Besondere Steuern, *tribal taxes,* kommen den weitgehend autonomen Siedlungsgebieten der

Respekt vor den Traditionen der Indianer

„Uramerikaner" zugute, die dort zunehmend in eigener Regie touristische Projekte wie Hotels und Kasinos betreiben.

Die weißen Bewohner des Südwestens haben inzwischen mit Klimaanlagen, Pools und Golfplätzen der wüstenreichen Natur ein Schnippchen geschlagen. Ohne moderne Technik, ohne Staudämme und Bewässerungsanlagen wäre in der sonnendurch-

Ab 1968
Das Central Arizona Project und andere Bewässerungsanlagen machen die Wüste Arizonas fruchtbar

2002
Salt Lake City und Park City sind Austragungsorte der Olympischen Winterspiele

2006
Zur Grenzsicherung nach Mexiko lässt Präsident Bush einen Zaun bauen

2009
Barack Obama wird erster schwarzer Präsident der USA

2014
Mit neuen Kasinos und einem gigantischen Riesenrad feiert Las Vegas das Ende der Finanzkrise

Ein feuchtes Vergnügen: Wildwasserrafting auf dem Colorado River

glühten Region kaum ein Leben möglich. Doch so lässt es sich angenehm aushalten: Der Südwesten weist neben Florida die höchsten Zuwanderungsraten der ganzen USA auf. Mit Lebensqualität, sonnigem Wetter und großem Freizeitangebot locken viele Firmen ihre Angestellten. Es sind vor allem Computer- und Elektronikbetriebe, die in der klaren Wüstenluft ideale Bedingungen zur Chipherstellung finden. Aber auch viele Versicherungen, Banken und andere Unternehmen haben in den letzten Jahren ihre Hauptquartiere nach Arizona oder Colorado verlegt.

Doch der ungeheure Boom vor allem der Metropolen hat Folgen, und die Eingriffe in die Natur beginnen sich zu rächen. An manchen Tagen herrscht über Phoenix Smog wie im verrufenen Los Angeles, und sogar im Grand Canyon wird die sonst grenzenlose Fernsicht durch Luftverschmutzung getrübt. Auch die Wasservorräte neigen sich dem Ende zu: Der Colorado River, die Lebensader der Region, ist der meistgenutzte Fluss Amerikas – und zuzeiten fast ausgetrocknet.

Der Colorado River – Lebensader der Region

Dennoch, im weiten, dünn besiedelten Hinterland sind die Probleme der Großstädte weit entfernt. Dort hat der Südwesten seine Reize bewahrt. Gehen Sie in den atemberaubend schönen Canyonlandschaften und auf den einsamen Höhen der Rockies auf Entdeckungsreise – und Sie werden neben der beeindruckenden Natur gute Highways, saubere Motels und herrlich gelegene Campingplätze finden.

IM TREND

1 Tradition trifft Trend

Bier Gerste, Hopfen, Wasser – und Agave. Die Brauereien der Region setzen auf exotische Kompositionen. Wie die *Breckenridge Brewery (600 S Main St. | Breckenridge | CO)*, die ihr Weizenbier mit Agavennektar verfeinern. Das Aprikosenweizen im *Wasatch Brewpub (250 Main St. | Park City | UT)* schmeckt, wie es heißt. Einen Versuch wert ist auch das Papago Elsie's Irish Coffee Milk Stout von *Papago Brewing (7107 E McDowell Rd. | Scottsdale | AZ)* – Bier mit Irish-Cream-Kaffeearoma.

Schwerelos

2

Sportlich Beim AntiGravitiy Yoga trifft Yoga auf Akrobatik. An einem Seidenband oder Trapez werden im *Shine (6415 S Tenaya Way | Las Vegas | NV) (Foto)* sämtliche Muskeln gestärkt – inklusive Lachmuskeln, wenn's mal nicht klappt. Auch im *Imagination Place (1155 E 3300 South | Salt Lake City | UT)* wird kunstvoll am Band gearbeitet. Und wer es im Hotel ausprobieren möchte, kann im edlen *Willow Stream Spa* des *Fairmont Scottsdale Princess Resort (7575 E Princess Dr. | Scottsdale | AZ | www.scottsdaleprincess. com)* die ersten Versuche mit Schwerelosigkeit machen.

3 Ab in die Wüste

Natur pur Sonnengewöhnte, widerstandsfähige Gewächse – eine Inspiration für die Wüstenspas. Sie setzen auf Naturprodukte wie Honig, Steinsalz und Salbei. Auf diese Art verwöhnt werden Sie im *Tamaya Mist (1300 Tuyuna Trail | Santa Ana Pueblo | NM)*. Pikant-entspannend ist die Klopfmassage mit Chili und Schlamm. Letzteres ist auch das Geheimnis des Wüstenschlammwraps im *Carefree Resort (37220 Mule Train Rd. | Carefree | AZ) (Foto)*. Der Desert Nectar Honey Wrap verschönert im Spa des *Camelback Inn (5402 E Lincoln Dr. | Scottsdale | AZ)*.

Laufend Neues zu sehen

Art Walks Donnerstags ziehen Kunstfans rund um Scottsdale *(AZ)* bequeme Schuhe an und machen sich auf die Socken. Denn dann öffnen Ateliers und Galerien, Studios und Workshops ihre Türen für neugierige Besucher. Berührungsängste sind beim *Art Walk (www.scottsdalegalleries. com)* völlig fehl am Platz! Am Folgetag geht es nach Denver *(CO)*. Am ersten Freitag des Monats lockt der *Santa Fe ArtWalk (www.artdistrictonsantafe. com) (Foto)* Besucher in das gleichnamige Viertel. Sehenswert ist z. B. die *Co-Art Art Gallery (846 Santa Fe Dr. | www.co-art.net)*. Wer sich 500 Meilen weiter westlich befindet, muss nicht verzagen. Auch in Salt Lake City *(UT)* laden an Freitagen die Kunstlocations zu einem *Gallery Stroll (www.gallerystroll.org)*.

Rollendes Grünzeug

Mobiles Essen Fastfood gehört zum amerikanischen Alltag dazu, ungesund muss es deswegen noch lange nicht sein. Eine gesunde Welle rollt durchs Land. In Form von *healthy food trucks*. So wie 🌱 *Rollin' Greens (Standorte unter www.rollingreens.com)*, die in und um Boulder *(CO)* in ihrem Imbisswagen vor allem mexikanisches Essen zubereiten und dafür biologisch angebaute und lokale Zutaten nutzen. Rund um Tucson in Arizona brutzelt 🌱 *Seis Kitchen (Standort im Mercado San Agustin | 100 S Avenida del Convento | www.seis kitchen.com)* mexikanische Tacos und Burritos aus frischen Biozutaten. Die Bewohner von Phoenix haben sich so in die cool gestylten *food trucks* verliebt, dass es sogar einen 🌱 *Food Truck Friday (twitter.com/#!/PHXStreet-Food)* gibt. Hier können Sie sich durch Bioburger, belgische Waffeln oder indische Currys probieren.

STICHWORTE

ANASAZI

„Die Alten, die Ahnen" nennen die Navajo-Indianer dieses mysteriöse Volk, das lange vor ihnen in der Four-Corners-Region, dem Vierländereck der Südweststaaten, lebte. Die Anasazi waren hier der wichtigste prähistorische Stamm. Sie hinterließen sogar ganze Straßensysteme. Einige prähistorische Stämme sind schon vor Christi Geburt nachzuweisen. Um 500 n. Chr. entwickelte sich die Kultur der sogenannten *basketmaker,* ab 750 bauten sie erste Steinhäuser, und in der Pueblo-Periode um 1200 entstanden die berühmten Klippensiedlungen und mehrstöckigen Pueblos. 80 Jahre später – während einer langen Dürreperiode – verschwanden die Anasazi urplötzlich – vermutlich vermischten sie sich mit den Ahnen der Pueblo- und Hopi-Indianer.

ARCHITEKTUR

Natürlich stehen in den Metropolen moderne Glastürme und Bürobunker, doch vor allem in New Mexico und Arizona besitzt die Architektur viele traditionelle indianische und spanische Stilelemente. Die typische Pueblo-Bauweise aus *Adobe*-Lehmziegeln mit gerundeten Ecken und den *vigas* – quer gelegten Balken, die das Flachdach tragen – ist bei den alten Missionskirchen und in den Pueblos am Rio Grande, so im Mesa Verde National Park oder im Chaco Canyon, zu sehen. Sehr häufig wird dieser Stil auch bei modernen Gebäuden imitiert. Ganz anders geprägt sind dagegen die

Bild: Anasazi-Ruinen in Cedar Mesa

Von den Anasazi bis zur Wassernot:
Wissenswerte Hintergründe zum Verständnis
des Lands und seiner faszinierenden Kultur

alten Westernstädtchen, wie man sie vor allem in Colorado findet: Dort dominiert die viktorianische Architektur mit spitzen Giebeln, Erkern und verschnörkelten Veranden. Und nahe Phoenix wirkte über 20 Jahre der große Frank Lloyd Wright in seiner Architekturschule *Taliesin West*. Um Santa Fe herum gibt es zahlreiche sehr moderne Gebäude, in denen man versucht, auch ökologische Prinzipien zu realiseren. Architekten wie Paolo Soleri, Norman Foster oder Antoine Predock bauen an zukunftsweisenden Projekten.

BEVÖLKERUNG

Das Leben in der Wüste liegt im Trend. Mit schöner Regelmäßigkeit führen Arizona und Nevada (dank der Spielermetropole Las Vegas) die Statistiken zum Bevölkerungswachstum in den USA an. Mittlerweile leben gut 16 Mio. Menschen in den vier Staaten des Südwestens, 70 Prozent davon in den größeren Städten. Rund drei Viertel der Bevölkerung sind Weiße: Nachfahren der Wildwestpioniere oder Zuzügler der letzten Jahrzehnte. Schwarze machen nur 2–6 Prozent der Gesamtbevölkerung aus. Die wichtigste Minoritätengruppe sind die *hispanos*, teils Nachfahren der spanischen Kolonisten, meist aber neue Zuwanderer aus Mexiko, die täglich zu Hunderten über die Grenze strömen – oft illegal, denn der „Tortillavorhang" ist löchrig – auch wenn die Regierung jetzt sogar einen Grenzzaun errichtet.

FLORA & FAUNA

Die Sonora Desert im Süden Arizonas ist eine der artenreichsten und faszinierendsten Wüsten der Welt. Zahlreiche nachtaktive Tiere wie Kängururatten, Kojoten, Klapperschlangen, Eulen und Fledermäuse leben hier. Von den rund 30 Kakteenarten sind die Saguarokakteen am auffälligsten, die fotogen mit hoch erhobenen Armen, wie man es aus Westernfilmen kennt, die Hügel überziehen. Bis zu 200 Jahre alt und 15 m hoch können die grünen Riesen werden. Das höher gelegene Colorado Plateau ist vorwiegend Steppenland mit Wacholderbäumen und *sagebrush*, einer Beifußart. Grüne Oasen findet man auf den vereinzelten Bergzügen, wo die lichten Kiefernwälder Rehe, Berglöwen und mancherorts sogar noch amerikanische Bisons beherbergen. Endgültig kühler und grüner wird es dann in den Rockies Colorados, deren hoch gelegene Bergwälder stark an die Alpen erinnern. Anders sind nur die Wildblumen wie die *Rocky Mountain Columbine* oder die *Indian Paint Brush*.

GEOLOGIE

Ein urzeitliches Gebirge erhob sich vor mehr als 1,6 Mrd. Jahren anstelle des heutigen Colorado Plateau. Es wurde abgetragen, und neue Sedimentschichten, Muschelkalk und Sandstein lagerten sich auf dem Grund flacher Binnenmeere ab. Dinosaurier ertranken in den Sümpfen am Ufer und wurden in die Sedimente eingeschlossen, dicke Salz- und Kohleschichten entstanden. Vor 30–60 Mio. Jahren, als auch die Rocky Mountains aufgefaltet wurden, hob sich die gesamte Region erneut und erreichte vor rund

Gefürchtet: Die giftige Klapperschlange rasselt mit ihren Hornringen am Schwanzende

10 Mio. Jahren ihre heutige Höhe von bis zu 4000 m. Dabei zerbrach die gewaltige Scholle in mehrere Blöcke, die sich gegeneinander verschoben und kippten. An diesen Kanten und Spannungszonen konnte die Erosion beginnen: Flüsse wie der Colorado fraßen sich im Lauf der letzten 10 Mio. Jahre in das weiche, durch Mineralien bunt gefärbte Gestein, Wind und Frost modellierten Felssäulen, Steinbögen und Steilklippen – die Wunderwelt der Canyons war geboren.

GERONIMO

Der Name des berühmten Apachenhäuptlings steht symbolhaft für den Widerstand der Indianer des Südwestens gegen die unaufhaltsam vorrückende Kultur der Weißen. In den Bergen Südarizonas führte er über 20 Jahre hinweg einen beispiellosen Guerillakrieg gegen die Siedler und die US-Kavallerie – das letzte Aufbäumen der Ureinwohner gegen die Unterwerfung. Zeitweise jagten ihn bis zu 5000 Soldaten, doch in bester Guerillataktik konnte er mit seinen Chiricahua-Kriegern immer wieder entwischen. 1886 ergab er sich schließlich mit seinen letzten 36 Getreuen. Abgeschoben in ein Apachenreservat in Oklahoma, starb Geronimo 1909 im Alter von 80 Jahren – er fiel betrunken von einem Wagen.

INDIANER HEUTE

Gut 400 000 Nachfahren der amerikanischen Ureinwohner leben heute in den Staaten des Südwestens: Tohono O´odham und Apachen im äußersten Süden, die Pueblo-Stämme entlang des Rio Grande in New Mexico und die Utes in Utah. Bevölkerungsreichster Stamm aber sind die Navajo, mit gut 200 000 Angehörigen die größte indianische Nation der USA. Sie besitzen im Nordwesten Arizonas ein Reservat so groß wie Bayern, das sie weitgehend selbst verwalten. Auch die übrigen Stämme verfügen über eigene, kleinere Landgebiete.

Schon während der Pionierzeit im 19. Jh. wurden die Indianer in Reservate abgedrängt – meist für die Weißen nutzlose Landstriche, die sich kaum für Ranch- oder Farmwirtschaft eigneten. Nicht zuletzt deshalb sieht es heute in vielen Reservatsorten trist aus und leben viele Indianer von der Wohlfahrt. Schulbildung und Lebenserwartung liegen weit unter denen der weißen Amerikaner. Doch zumindest durften die Stämme des Südwestens – anders als die Indianer im Osten – in ihren ursprünglichen Stammesrevieren bleiben. So konnten sie den Bezug zur „Mutter Erde" und damit ihre kulturelle Identität erhalten. Vor allem die Pueblo-Indianer und die Hopi, die sich stark von der Welt der Weißen abschotten, haben ihre traditionelle Kultur bis heute bewahrt.

MORMONEN

Viele Amerikaner sind religiös, doch nirgendwo so sehr wie in Utah, dem Reich der Mormonen. Trinken und Rauchen sind verpönt, der sonntägliche Gang zum Gebetssaal ist heilige Pflicht, und ein Zehntel des Einkommens wird an die Kirche abgeführt. „Kirche der Heiligen der Letzten Tage" nennen die Mormonen sich selbst. Sie sind heute mächtige Kirche und reicher Konzern zugleich – mit Pfründen von gut 15 Mrd. $. Joseph Smith, ein Bauernsohn aus dem Staat New York, war der Gründer der Glaubensgemeinschaft. Ein Engel hatte ihm ein verloren gegangenes Buch der Bibel enthüllt, auf dem er seine Lehre aufbaute. Nach Verfolgungen im Osten, bei denen Smith getötet wurde, zogen die Mormonen unter ihrem neuen Führer Brigham Young in einem großen Treck gen Westen und gründeten 1847

Salt Lake City als Jerusalem ihres Gottesstaats *Deseret.* Sie machten die Wüste urbar, bewässerten sie und besiedelten die gesamte Region. Doch erst nachdem der Kirchenrat die von Washington verbotene Vielweiberei abgeschafft hatte, konnte Utah 1891 Bundesstaat der USA werden.

Grand Canyon, werden von Millionen von Besuchern fast zu Tode geliebt. Da gilt es, sich an die Regeln zu halten, damit die Natur nicht noch mehr belastet wird: Kein Tier darf daher gefüttert, kein

Ganz wie einst: mormonischer Pioniertreck bei einem Westernfestival

NATIONAL PARKS

Der amerikanische Kongress erklärte 1872 die Geysirbecken von Yellowstone zum ersten Nationalpark der Welt – mittlerweile sind es in den USA 56, davon allein zwölf im Südwesten. Die Parks, wie auch die ähnlich streng geschützten *national monuments,* bieten grandiose Szenerien für Besichtigungsfahrten oder einsame Wildniswanderungen. Und sie gehören zu den beliebtesten Ferienzielen des Lands – manche, wie etwa der

Zweig abgebrochen werden. Und das Campen ist nur auf den ausgewiesenen Plätzen erlaubt.

POLITISCHES SYSTEM

Das gesetzgebende Parlament der jeweiligen Bundesstaaten besteht aus dem Senat und dem Repräsentantenhaus. Staatschef ist der *governor,* der alle vier Jahre neu gewählt wird. In Washington sind die Bundesstaaten jeweils mit zwei Senatoren und – entsprechend der Bevölkerungszahl – mit bis zu sechs Abgeordneten im Repräsentantenhaus vertreten. Einen Sonderstatus besitzen die teils sehr großen Indianerreservate:

Sie haben eine eigene Verwaltung und Polizei – und die Bewohner sind von Steuern befreit.

SNOWBIRDS

„Schneevögel" heißen die Winterflüchtlinge aus Kanada und den nördlichen Staaten der USA, die alljährlich im November ins sonnige Arizona einfallen wie Schwärme von Zugvögeln. Sie sind (Früh-)Rentner und kommen zum Überwintern, ziehen mit ihren luxuriös eingerichteten Superwohnmobilen durchs Land oder mieten sich für Monate in den unzähligen Ferienwohnungen von Phoenix oder Tucson ein – natürlich mit Golfplatz und Swimmingpool nahebei. Vor allem in Arizona haben sich viele Rentner aus den Staaten im Norden auf Dauer niedergelassen, um den Lebensabend in der Sonne zu verbringen. Zum Teil entstanden sogar ganze Altensiedlungen wie etwa Sun City bei Phoenix. Niemand unter 50 Jahren darf hier ein Haus kaufen.

UMWELTSCHUTZ

Für die Umweltbilanz sind 40 Grad im Sommer und Temperaturen unter null im Winter ein Albtraum. Dank der ständig surrenden Klimaanlagen verbraucht ein Haushalt oder Hotelzimmer hier doppelt so viel Strom wie der Durchschnitt in den USA. Die großen Kasinoresorts in Las Vegas haben deshalb oft sogar eigene Kraftwerke im Keller.

Doch in den letzten 20 Jahren hat auch ein Umdenken begonnen: In den meisten Hotels sind Duschköpfe und Lampen auf Sparnormen umgerüstet. Selbst in den berühmten Glitzerreklamen von Las Vegas blinken heute immer mehr energiesparende LED-Lichter. Viele neue Gebäude in den Städten sind nach sogenanntem LEED-Standard für „grüne" Bauweise zertifiziert, entsprechen also strikten Auflagen für Energiebilanz und Nachhaltigkeit. LEED steht für *Leadership in Energy and Environmental Design*, das besonders strikte Regelwerk des US Green Building Council *(www.usgbc.org)*.

WAFFEN

Mal trifft es eine Schule, mal eine Kongressabgeordnete wie 2011 Gabrielle Giffords in Arizona. Jemand dreht durch, es gibt Schüsse, schwere Verletzungen, Tote. Waffen sind in den USA leicht zu bekommen. Und jedes Mal nach einem Amoklauf oder einer schweren Schießerei bricht die Diskussion erneut los, ob der Waffenbesitz strenger reguliert werden sollte. Doch das Recht auf Waffenbesitz haben die Gründerväter den Amerikanern in die Verfassung geschrieben. Vor allem die Bürger im weiten Wilden Westen pochen heute noch darauf, Waffen zu Hause zu haben. Man muss sich ja wehren können, heißt es. Die *National Rifle Organization (NRA)*, die erzkonservative Waffenlobby Amerikas, zählt zu einer der mächtigsten politischen Vereinigungen im Land und unterstützt traditionell die Republikanische Partei.

WASSERNOT

Bis zu 1000 l Wasser verbraucht ein Bewohner von Wüstenstädten wie Las Vegas oder Phoenix pro Tag im Durchschnitt – für Pool, Spülmaschine und Dusche, für die Bewässerung des Gartens und des nahen Golfplatzes. Ein hoher Preis für das angenehme Leben in ewiger Sonne – in Deutschland liegt der Verbrauch bei 130 l pro Person. Zwar bringen der Colorado River und der Rio Grande reichlich Schmelzwasser aus den Rocky Mountains, das in mehr als 20 riesigen Stauseen zurückgehalten wird, doch diese versanden zunehmend, und die bedrohlichen Zukunftsprognosen häufen sich.

ESSEN & TRINKEN

Der Südwesten ist Cowboyland. Und Cowboys essen ihr Leben lang Steaks. Richtig? Bedingt richtig, denn es gibt genügend Alternativen. Höchstens in den kleinen Dörfern draußen im Hinterland wird ein Steakverächter gelegentlich als nicht ganz normal angesehen.

Die Portionen sind immer riesig, und zu den Hauptgerichten *(entrees)* ist im Preis neben den Beilagen – häufig Gemüse plus *baked potato* – eine Suppe oder ein Salat als Vorspeise enthalten, mitunter sogar beides. Die Qualität des Fleischs ist exzellent: Dicke Filets, *New York steaks* mit Fettrand oder fein gemaserte *ribeye steaks* und die etwas günstigeren *sirloin steaks* sind die besten Stücke – und natürlich die legendären *T-bone steaks*. Aber für ein solches mit mindestens 400 g Gewicht (und oft mehr) muss man schon richtig Hunger haben.

Doch auch ohne Steaks droht nirgendwo der Hungertod: Jede größere Highwaykreuzung hat ihre Burgerstation, jede Kleinstadt ihren Mexikaner, ihren Italiener, ihren Chinesen und ihre Fastfoodpalette. In Großstädten lockt japanische, arabische, karibische, indische und französische Küche aus aller Einwanderer Länder und in allen Preislagen.

Vegetarier können in den ländlichen Regionen des Südwestens oft nur auf Nudeln und Salate ausweichen. In den Städten, auch den kleineren, ist es aber kein Problem, sich fleischlos zu ernähren: Vegetarische Omelettes, asiatische Gemüse-Reis-Gerichte und Fisch stehen auf der Karte.

Bild: Strater Hotel Saloon in Durango

Steaks gehören zum Südwesten wie die Kakteen in die Wüste – aber es gibt auch reichlich andere Kost

Zudem ist gesundes Essen spürbar auf dem Vormarsch: Das Zauberwort heißt *organic,* am besten sogar *certified organic,* also Bioware mit Prüfstempel. Immer mehr Restaurants, Supermärkte und Deli-Feinkostläden setzen auf Bioprodukte und beziehen auch ihren Fisch aus nachhaltigem Fang. Dazu richten viele Städte wöchentliche Bauernmärkte aus, *farmers markets,* auf denen meist auch Ökoware angeboten wird. Besonders schön: der 😊 INSIDER TIPP▶ Samstagsmarkt in Santa Fe.

Vor allem um Taos, Santa Fe, Tucson und Phoenix/Scottsdale herum hat sich eine neue, innovative Kochrichtung entwickelt, die *southwest cuisine.* In New Mexico nimmt sie ihre Anregungen vor allem aus der mexikanischen und teils sogar indianischen Küche, in Arizona lehnt sie sich mehr an die *California Cuisine* an. Die neue Küche ist leicht und stützt sich möglichst auf die Produkte der Region. Da finden Sie Pinienkerne oder Kaktusscheibchen auf dem Salat. Indianisches Pikibrot aus blauem Mais kommt als Bei-

SPEZIALITÄTEN

▶ **BBQ burger** – auf offenem Grill *(barbecue)* zubereiteter Hamburger

▶ **chicken (buffalo) wings and popcorn shrimps** – kross gebratene Hähnchenflügel und frittierte Krabben (als Vorspeise)

▶ **eggs over easy** – Spiegeleier, einmal gewendet

▶ **eggs sunny side up with bacon and hash browns** – Frühstücksklassiker: Spiegeleier mit Speck und geraspelten Bratkartoffeln

▶ **enchilada with frijoles** – gerollter Tortillafladen, gefüllt mit Fleisch und Käse, dazu eingekochte Bohnen (Foto li.)

▶ **fajitas** – geschnetzeltes Fleisch mit Zwiebeln und Chilis, das noch brutzelnd auf den Tisch kommt und dann in Tortillas gerollt wird

▶ **filet mignon with stuffed mushrooms** – zartes Filetsteak, dazu überbackene und gefüllte Portobello-Pilze

▶ **French toast** – Weißbrot in Eihülle

▶ **frybread/Indian bread** – in Fett gebackener Maisfladen

▶ **jalapeños** – sehr scharfe Chilischoten

▶ **home fries/steak fries** – dick geschnittene Pommes

▶ **Navajo taco** – in Fett gebackenes Fladenbrot, gefüllt mit Chili, Hackfleisch, Käse und Salat

▶ **New York steak and baked potato with butter, chives and bacon bits** – Steak mit Fettrand, dazu Folienkartoffel mit Butter, Schnittlauch und Speck

▶ **prime rib with horseradish sauce** – sehr zarte, dicke Bratenscheibe (das beste Fleisch vom Rind) mit Meerrettich

▶ **pumpkin pie** – Kürbistarte (Foto re.)

▶ **quesadillas** – mit Käse gefüllte Tortilla-Fladen (als Vorspeise)

▶ **sirloin steak with garlic mashed potatoes and corn on the cob** – Lendensteak mit Kartoffel-Knoblauch-Püree und Maiskolben

▶ **sopaipilla** – mit Honig beträufelter Schmalzkringel (als Nachspeise in New Mexico)

▶ **squash** – kleine Kürbisart, meist gedünstet als Gemüse

▶ **tortilla chips & hot salsa** – Maischips mit scharfer Sauce aus Chilis, Tomaten, Zwiebeln und Koriander

▶ **veggie wrap with roasted pine nuts and goat cheese** – vegetarische Teigtasche mit Pinienkernen und Ziegenkäse

lage, auch werden Kürbisse und vielerlei Bohnenarten verwendet und natürlich feurig-scharfe Chilischoten, die übrigens aus der Neuen Welt stammen.

In den ländlichen Regionen ist die Südwestküche bodenständiger und deftiger geblieben. In rein indianischen Lokalen gibt es oft Lamm- oder Hammeleintopf – schwer und fettig und für den europäischen Gaumen nicht sehr ansprechend. Weit reizvoller ist die mexikanisch inspirierte Regionalküche in New Mexico, die reichlich mit rotem oder grünem Chili gewürzt und häufig mit Käse überbacken wird.

Unter den Getränken dominiert neben dem allgegenwärtigen Eiswasser das Bier, auch mexikanische Marken (*Corona, Dos Equis*) werden gern getrunken. Letzter Schrei sind die *microbreweries,* also Minibrauereien, in den jeweiligen Lokalen. Hüten sollten Sie sich aber auf jeden Fall vor *root beer,* der amerikanischen Antwort auf unser Malzbier: Es schmeckt wie Kaugummi.

Weintrinker können wählen zwischen kalifornischen Tropfen (meist Chardonnays) und recht anständigen Weinen aus New Mexico. Ein eisiger *margarita,* ein mit püriertem Eis gemixter Drink aus Limonensaft und Tequila mit Salzrand (gut gegen den Salzverlust beim Schwitzen!), ist der häufigste Aperitif im Südwesten, aber auch viele andere *mixed drinks* mit Tequila, Rum oder Whiskey werden in den Bars gemischt

Zum Frühstück geht man in den *coffee shop.* Wählen können Sie dort zwischen dem kleinen *continental breakfast* (Saft, Kaffee, Toast mit Marmelade) oder dem großen *american breakfast* mit Eiern, das oft für den ganzen Tag vorhält. Apropos Frühstück: Die günstigsten Frühstückbüffets offerieren die Kasinohotels in Las Vegas. In immer mehr Hotels ist ein kleines Frühstück im Zimmerpreis enthalten.

Zum *lunch,* etwa zwischen 12 und 14 Uhr, essen die Amerikaner meist kleinere Gerichte, die auf einer separaten Speisekarte *(lunch menu)* aufgeführt sind.

Eine zünftige Mahlzeit?
Im ganzen Südwesten: no problem!

Sie können sich auch für ein Salatbuffet entscheiden oder einen – oft gar nicht schlechten – hausgemachten Hamburger versuchen.

Das Abendessen *(dinner)* wird in ländlichen Regionen schon zwischen 18 und 19 Uhr serviert, in den Städten etwa von 19 bis 22 Uhr. Zu den Besonderheiten gehört, dass man in den meisten Restaurants einen Tisch zugewiesen bekommt. Ein Schild am Eingang zeigt dies an: *Please wait to be seated.* Geraucht wird fast gar nicht mehr: In den meisten Restaurants wie auch in Bars herrscht generelles Rauchverbot. Zum Paffen bleibt dann nur die Terrasse.

EINKAUFEN

Shopping ist Volkssport in den USA, und es wird den Kunden so angenehm wie möglich gemacht, ihre Kreditkarten bis zum Limit auszuschöpfen. Die Läden sind bestens bestückt, das Personal ausgesucht freundlich. Beim Betreten einer Boutique wird man sogleich mit einem „Hi, can I help you?" begrüßt. Und im Supermarkt steht oft ein Einpacker an der Kasse, der Ihre Einkaufstüten füllt und sie sogar zum Auto bringt.

INDIANISCHE SOUVENIRS

Zu den schönsten Mitbringseln aus dem Südwesten zählen die kunsthandwerklichen Arbeiten der Indianer. Die Navajos fertigen Silberschmuck, aus Schafwolle gewebte Decken und symbolhafte Sandbilder, die einst von den Schamanen zur Heilung von Kranken verwendet wurden. Die Zuni-Indianer sind berühmt für ihre Intarsienarbeiten aus Türkisen, Korallen und Perlmutt und die Pueblo-Stämme am Rio Grande für ihre Keramiken. In Acoma werden Töpfe mit geometrischen Mustern verziert, im Santa Clara Pueblo wird handpolierte schwarze Keramik hergestellt, und im Pueblo Cochiti findet man die berühmten Figuren der *storyteller*. Ganz besondere Sammlerobjekte

sind zudem die *kachinas* der Hopi-Indianer – detailreiche, bemalte Holzpuppen, die einst für die Kinder geschnitzt wurden, um sie mit der Götterwelt vertraut zu machen. Heute werden diese Figuren zu Preisen von 500 $ aufwärts gehandelt. Am besten ist es, direkt im Reservat zu kaufen. Gute, gesicherte Qualität bekommen Sie aber auch in den *gift shops* der Museen, in den renommierten Galerien und im Südwesten auch in den *trading posts* am Rand der Reservate.

KUNST & WESTERN WEAR

Zentren für Kunst sind vor allem Santa Fe, Taos und Sedona. Seit sich die Künstlerin Georgia O'Keeffe Anfang des 20. Jhs. am Rio Grande niederließ, sind ihr viele in den Wilden Westen gefolgt und haben sich von den Traumlandschaften inspirieren lassen. Dutzende von Galerien säumen etwa die Canyon Road in Santa Fe und bieten teils hervorragende – und teure – Werke an.

Doch es gibt noch andere gute – und preiswertere – Mitbringsel aus dem Südwesten. *Western wear* z. B.: Stetsonhüte, fein gearbeitete Cowboystiefel oder Gürtelschnallen. Und warum nicht eine Baseballkappe mit dem Aufdruck des lokalen

Beliebte Souvenirs sind indianische Kunsthandwerksprodukte. Doch wie wäre es mal mit Kaktusmarmelade?

Footballteams? Sehr beliebt sind auch die typischen Landesprodukte: Kaktusmarmelade aus Arizona etwa, scharfe Salsa aus New Mexico oder Wildblütenhonig aus Colorado.

MALLS: MODE, SPORT & ELEKTRONIK

Überall in und um die Städte erwarten große Malls die Kunden – klimagekühlt, mit 100 oder 150 Boutiquen und Kaufhäusern. Und immer ist irgendwo ein *sale*, ein Ausverkauf. Teils sind die Einkaufscenter in historischen Bauten untergebracht (City Creek Center oder Trolley Square, Salt Lake City) teils in postmodern gestylten Bauten (Arizona Center in Phoenix). Vor allem Freizeitklamotten, Schuhe und Sportartikel wie Golf- und Tennisschläger oder Kosmetik erhalten Sie in den USA meist günstiger. Doch Vorsicht: Die europäischen Zöllner kennen sehr wohl den Wert eines Golfsets, das man von drüben mitbringt.

Achtung auch bei Geräten mit einem Steckdosenanschluss: Sehen Sie genau nach, ob die Elektronik umschaltbar ist und auch 220 Volt verarbeiten kann. Andererseits haben Sie bei Elektrogeräten wie iPhones den Vorteil, dass diese meist *unlocked* sind, Sie also an keinen Anbieter gebunden sind. Nur bei Garantiefällen könnte es in Europa Probleme geben.

OUTLET SHOPPING

Auf dem Land locken riesige *outlet malls* zur Schnäppchenjagd. Die Malls nutzen die günstigeren Mieten und Personalkosten im Hinterland entlang der Autobahnen und verkaufen Produkte zahlreicher Markenfirmen wie Timberland, Donna Karan, Nike, Levi's oder Tommy Hilfiger. Zwar sind die Waren manchmal zweite Wahl oder aus der Kollektion des Vorjahres, aber bei deutlich reduzierten Preisen stört das wenig. Tipp: Oft erhalten Sie beim Info-Center der *outlet mall* ein Couponbuch mit weiteren Vergünstigungen.

DIE PERFEKTE ROUTE

LAS VEGAS, INS CANYONLAND & ZU DEN MORMONEN

Zum Auftakt ein Tag in ❶ *Las Vegas* → S. 32: Kasinos und Shows gucken und nachts am „Strip" bummeln. Dann einmal ausschlafen, und die Reise geht los: über die I-15 nach Norden und jenseits der Grenze zu Utah in die ersten Nationalparks des Canyonlands: ❷ *Zion* → S. 74 und *Bryce Canyon* → S. 64 (siehe auch Ausflüge & Touren → S. 100) mit ihren Steinsäulen und Skulpturen. US 89 und I-15 bringen Sie weiter ins Herzland der Mormonen, nach ❸ *Salt Lake City* → S. 70, wo Sie an einer Führung im sehenswerten Tempelbezirk teilnehmen sollten. Über das recht schicke Westernstädtchen *Park City* → S. 73, Stätte der Olympischen Winterspiele 2002, geht es dann wieder südwärts zu den spektakulären Felslandschaften um ❹ *Moab* → S. 67. Zeit für Wanderungen, Bike-, Jeep- oder Raftingtouren.

IN DIE ROCKIES

Hinter ❺ *Grand Junction* → S. 98 beginnen die Berge immer höher zu werden. ❻ *Aspen* → S. 91 liegt schon mittendrin in den Rockies, und bei der Fahrt über die Pässe nach *Leadville* → S. 92 wird Ihnen der Atem stocken: wegen der Aussichten und der dünnen Luft. Sogar ❼ *Denver* → S. 94 (Foto li.), die Hauptstadt Colorados, liegt noch auf 1600 m.

KUNST, UFOS & WEISSE DÜNEN

Über ❽ *Colorado Springs* → S. 93 (vielleicht mit Abstecher auf den Pikes Peak) führt die Route durch das Tal des Arkansas River und vorbei an den riesigen Dünen bei Alamosa weiter ins uralte Indianerland um ❾ *Taos* → S. 88 und ❿ *Santa Fe* → S. 83, wo in zahllosen Galerien echter Kunstgenuss wartet – und sehr feine Southwestküche in den vielen Restaurants. Zeit für einen Schlenker in den heißen Süden von New Mexico: In ⓫ *Roswell* → S. 78 (Foto re.) sehen Sie vielleicht ein Ufo landen, ⓬ *Carlsbad* → S. 81 lockt mit gigantischen Tropfsteinhöhlen, und bei ⓭ *Alamogordo* → S. 78 passen die unwirklich schneeweißen Dünen gut zum Raumfahrtthema der Stadt. Richard Branson will von hier Touristen bald ins All schicken.

ROUTE 66 & MONUMENT VALLEY

Nun heißt es Meilen fressen: Über Las Cruces geht es nach ⓮ *Albuquerque* → S. 79 und dann auf der alten Route 66 nach Westen. Schön für einen Abstecher: Acoma Pueblo auf der Steilklippe eines Tafel-

Erleben Sie die vielfältigen Facetten des Südwestens auf einer Rundfahrt durch das Canyonland, über die Rockies und nach New Mexico

bergs kurz vor **15** *Gallup* → S. 83, das abends mit seinen klassischen Neonschildern viel Highwaynostalgie ausstrahlt. Durch das riesige Reservat der Navajo-Indianer geht es nach Norden zu den Ruinen von Mesa Verde. Danach müssen Sie sich Zeit nehmen für einen Ausritt im filmberühmten **16** *Monument Valley* → S. 52.

GRAND CANYON & ENTSPANNUNG IM LUXUSRESORT

Einsame, steinige Landschaften begleiten den Hwy. 160 westwärts durch das Navajo-Reservat, ehe Sie bei Cameron zum **17** *Grand Canyon* → S. 48 abbiegen. Lassen Sie sich hier einige Tage Zeit, um die gewaltige Schlucht wirklich zu erleben: bei einer Radtour am Südrand oder einer Wanderung ein Stück hinab. Über **18** *Flagstaff* → S. 45 geht es dann nach Süden in die hier fast verspielt wirkende rote Felsenwelt um das elegante Kunststädtchen *Sedona* → S. 56. Zum Ende der Route muss Zeit bleiben für einige Erholungstage in der Sonne von Arizona: In **19** *Phoenix* → S. 53 locken zahlreiche gepflegte Resorts mit Badelandschaften und fabelhaften, von Kakteen umrahmten Golfplätzen in der Wüste. Von hier kommen Sie dann in einer gemütlichen Tagesfahrt über **20** *Kingman* → S. 50 wieder zurück nach Las Vegas.

Ca. 5500 km. Reine Fahrzeit 63 Stunden. Empfohlene Reisedauer: 4–5 Wochen. Detaillierter Routenverlauf auf dem hinteren Umschlag, im Reiseatlas sowie in der Faltkarte

LAS VEGAS

KARTE AUF SEITE 38

CITY **WOHIN ZUERST?**
Bester Startpunkt ist die **Kreuzung Las Vegas Blvd./Flamingo Road:** zuerst vorbei am Caesars Palace und dem neuen Riesenrad High Roller nach Norden zum Venetian Casino mit Markusplatz und Gondelkanälen, dann nach Süden zum Bellagio mit toller Wassershow alle 15–30 Minuten und durch das CityCenter bis zur Freiheitsstatue vor dem New York-New York.
Parkhäuser hinter dem Flamingo und Imperial Palace. Der Stadtbus The Deuce (Tageskarte 8 $) fährt auf ganzer Länge den Strip entlang bis in die Downtown.

Las Vegas (136 A1–2) (*ᴍ C5*), diese surreale Oase in der Wüste Südnevadas, ist wie eine Märchenwelt – vor allem für amerikanische Zocker. Ein faszinierender, kitschig-bunter Traum, der Abwechslung, Entertainment und vielleicht das große Glück verspricht.

Innerhalb von nur 50 Jahren hat sich die Wüstenstadt zur weltweiten Metropole des Glücksspiels gemausert. Knapp 40 Mio. Besucher jährlich lassen rund 9 Mrd. Dollar an den Spieltischen. Immer neue Superkasinos, immer neue Shows und Attraktionen locken die Gäste an. Rund um die Uhr und 365 Tage im Jahr flackern die Neonlichter, klackern die Spielmaschinen und rollen die Roulettekugeln ohne Unterlass. Tageszeit

Bild: Las Vegas Boulevard bei Nacht

Spektakuläre Shows und neonbunte Spielpaläste: Las Vegas inszeniert den Traum vom schnellen Glück

und Wetter werden für die Glücksritter in den klimaanlagengekühlten Phantasiewelten bedeutungslos. Draußen in der Wüste Nevadas herrscht ohnehin ständig blauer Himmel. Was alleine zählt, ist, die Chance am Spieltisch nicht zu versäumen. Las Vegas – das spiegelt für viele die Verkörperung des amerikanischen Traums wider.

Dabei kam der rasante Boom der Spielerstadt (heute rund 2 Mio. Einwohner im Großraum) fast über Nacht. Fromme Mormonen hatten im Jahr 1855 die Siedlung Las Vegas (span. die Wiesen) in einem Oasental Südnevadas gegründet. Als die Eisenbahn kam, entstand daraus um 1910 ein Städtchen. Doch erst 1931, als Nevada das Glücksspiel legalisierte, begann der Aufstieg. Zudem brachte wenig später der Bau des Hoover Dam billigen Strom und ein Heer von (spielwilligen) Arbeitern.

In den 40ern wurden dann – von legendären Mafiosi wie Bugsy Siegel – die ersten großen Kasinos am Las Vegas Strip errichtet. Es folgten Großkonzerne und

Investmentbanken, die in das inzwischen seriöse Glücksspielgeschäft einstiegen.

Heute kommt man beim Bummel am Strip aus dem Staunen nicht heraus: Wasserspiele und verrückte Kulissen überall. Dass Sie dann irgendwann auch im Kasino landen, ist geplant. Einige Dollar muss man Fortuna schon opfern. Sei es beim Blackjack (17+4), an einem der 140 000 „einarmigen Banditen", beim Roulette oder ganz amerikanisch beim Poker. Wer die Regeln nicht kennt, dem an einem *drive-up window* – ganz nach Gusto.

Doch die Hochzeitsnacht in Zweisamkeit entfällt hier meist, denn aufwendige Bühnenshows, Erlebnisrestaurants und Bars locken mit Nightlife. Die Kasinos leisten sich große Entertainer wie Céline Dion, Tom Jones oder Cher, richten mitreißende Musicals aus, glamouröse Pariser Revuen und bunte Megashows des „Cirque du Soleil". Las Vegas tut schier alles, damit der Dollar rollt.

Fremont Street Experience: große Hightech-Lasershow in der Fußgängerzone von Downtown

kann geholfen werden: Viele Kasinos bieten – selbstverständlich kostenlos – Kurse im Glücksspiel an. Und wer das wahre Glück findet, der kann sich in Las Vegas ruck, zuck trauen lassen. Sogar nachts um drei, denn viele *wedding chapels* haben rund um die Uhr geöffnet. Mehr als 100 000 Pärchen heiraten jedes Jahr in Las Vegas. Mit Pomp und Plüsch in einer der zahllosen Kapellen, mit „Elvis" als Trauzeugen oder blitzschnell im Auto

Ausführliche Informationen liefert Ihnen der MARCO POLO Band „Las Vegas".

SEHENSWERTES

Die Orientierung fällt in Las Vegas nicht schwer. Es gibt zwei nur wenige Taximinuten voneinander entfernte Zentren der Kasinos: Das eine ist die *Downtown* um die mit Millionenaufwand zur Erlebnisstraße ausgebaute *Fremont Street*. Das andere der berühmte, neonüberflutete *Las Vegas Boulevard,* gemeinhin *The Strip* genannt. Hier, etwa zwischen Sahara Avenue und Tropicana Avenue, warten die Superkasinohotels mit ihren Shows, Wasserfällen und Phantasiewelten. Am Nordende des Strip liegen vor allem ältere Kasinos wie das *Circus Circus* (kostenlose Akrobatenshows auch für Kinder) und dazu der spiegelnde Turm des superluxuriösen *Wynn Las Vegas.* Weiter südlich, um die Kreuzungen von *Flamingo Road* und *Tropicana Avenue,* folgen die Megaresorts, die per Monorail auf der Ostseite des Strip und zum Teil auch mit kostenlosen Trams auf der Westseite des Strip verbunden sind.

BELLAGIO ⭐
Eines der elegantesten und teuersten Kasinohotels, gestylt nach dem gleichnamigen Dorf am Comer See. Nicht verpassen: die Blumen im *Conservatory* und die großartigen Wassershows in der Lagune *(tgl. 15–24, Sa/So 12–24 Uhr | Eintritt frei). 3600 Las Vegas Blvd. S | www.bellagio.com*

CAESARS PALACE
Der nachts türkisgrün angestrahlte, von Brunnen und Skulpturen umrahmte Prunkbau ist seit 1966 die Grande Dame der Kasinos in Las Vegas. Zu sehen gibt es einen Nachbau des antiken Rom sowie die *Forum Shops,* eine schicke Ladengalerie unter künstlichem Himmel, und das neue Riesenrad *High Roller* gegenüber. *3570 Las Vegas Blvd. S*

CITY CENTER 🔄
Das größte privat finanzierte Projekt Amerikas, fast 10 Mrd. Dollar teuer. Mit drei Hotels, *Aria, Vdara* und *Mandarin Oriental,* die zusammen fast 5000 Hotelzimmer besitzen, Kasino und schickem Einkaufszentrum *The Crystals,* entworfen

von Daniel Libeskind. Viel „grünes" Design und sogar Brauchwassernutzung. *3720 Las Vegas Blvd. S/E Harmon Ave.*

FREMONT STREET EXPERIENCE ⭐
Jeden Abend wird die über fünf Straßenzüge hinweg überdachte Hauptstraße der Innenstadt zur größten Showbühne von Las Vegas: Riesige Lautsprecheranlagen und mehr als 12 Mio. LED-Lichter vollführen stündlich eine *Sound-&-Light-Show. www.vegasexperience.com*

HARD ROCK HOTEL CASINO
Nachdem die Kette der Hard Rock Cafés die Welt eroberte, steht hier nun das zugehörige Hotel – stilecht mit Rockreliquien eingerichtet und allabendlich mit Rockstars auf der großen Bühne des *Joint* im Haus. *4455 Paradise Rd.*

AUTO COLLECTIONS AT THE QUAD ●
Ein Leckerbissen für Autofans: Im Obergeschoss des *Quad Hotel* sind mehr als

⭐ Bellagio
Italien lässt grüßen – mit Wassershows und gigantischen Blumenbouquets → S. 35

⭐ Fremont Street Experience
Das alte Herz der Stadt lockt mit allabendlicher Lichtershow → S. 35

⭐ The Venetian
Ein gigantisches Luxuskasino mit Hotel: Venedig gedoubelt – inklusive Gondelfahrt → S. 36

⭐ Hoover Dam/Lake Mead
Ein Bau der Superlative: Im Black Canyon wurde der Colorado River gebändigt → S. 40

MARCO POLO HIGHLIGHTS

250 Oldtimer zu bewundern. *Tgl. 10–18 Uhr | Gratis-Coupon auf der Website, sonst Eintritt 12 $ | 3535 Las Vegas Blvd. S | autocollections.com*

LUXOR
Die gut 100 m hohe, von einer Sphinx bewachte Glaspyramide ist größer als jede am Nil. *3900 Las Vegas Blvd. S*

MANDALAY BAY CASINO
Das südlichste der großen Kasinos am Strip. Tolles Nightlife, witzige Attraktionen: `INSIDER TIPP` ein Haifischaquarium und eine tropische Lagunenlandschaft mit Surfpool und Strand. *3950 Las Vegas Blvd. S*

LOW BUDGET

▶ Alkohol fließt recht freizügig in Las Vegas: Solange Sie spielen – egal ob am Spieltisch oder bei den einarmigen Banditen –, gibt es kostenlose Drinks. Nur der Bedienung sollten Sie ein üppiges Trinkgeld geben.

▶ Es lohnt sich, die Reise nach Las Vegas genau zu planen: Von Sonntag bis Donnerstag kosten die Hotelzimmer oft nur 60 Prozent der Wochenendpreise. Für die Shows bekommt man werktags meist auch ohne lange Vorabbuchung noch Karten.

▶ Gratisunterhaltung beginnt in Las Vegas schon auf der Straße: ● Direkt am *Strip* bricht vor dem Mirage Casino ein Vulkan aus, vor dem Treasure Island kämpfen Piratinnen in der Show *Sirens of TI*, und vor dem Bellagio tanzen ab 16 Uhr die Springbrunnenfontänen zu klassischer Musik.

`INSIDER TIPP` **MOB MUSEUM** ●
Die Mafia lässt Vegas nicht los: Im alten Bundesgericht in der Downtown wird der Aufstieg und Fall des „Mob" anschaulich gezeigt. *Tgl. 10–19, Fr/Sa bis 20 Uhr | Eintritt 18 $ | 300 Stewart Ave. | www.themobmuseum.org*

SPRINGS PRESERVE
Alles über die Wüste erfahren Sie in diesem sehr gut gemachten Naturkundemmuseum – und erleben sogar eine der brüchtigten „Blitzüberflutungen". *Tgl. 10–18 Uhr | Eintritt 19 $ | 333 S Valley View Blvd. | www.springspreserve.org*

STRATOSPHERE TOWER
Amerikas derzeit höchster Aussichtsturm (350 m) kennzeichnet die Skyline von Las Vegas. An seiner Spitze locken schwindelerregende Thrill-Fahrten. Dort finden Sie auch drei Hochzeitskapellen, eine Bar und ein Edelrestaurant. *2000 Las Vegas Blvd. S | www.stratospherehotel.com*

THE VENETIAN ★
Ein Abstecher nach Venedig: komplett mit Dogenpalast und Comedia-dell'-Arte-Schauspielern auf der Piazza im 1. Stock. Auf künstlichen Kanälen fahren dort sogar original venezianische Gondeln. *3355 Las Vegas Blvd. S | www.venetian.com*

ESSEN & TRINKEN

Fast alle großen Kasinohotels bieten opulente Buffets. Doch stehen vor den besonders billigen Buffets wie etwa im *Circus Circus,* im *Luxor* oder im *MGM Grand* oft sehr lange Schlangen. Es lohnt sich meist (nicht nur aufgrund der Zeitersparnis), für ein auch qualitativ hochwertigeres Buffet etwas mehr auszugeben, etwa im *Cosmopolitan Casino,* im *Rio Casino,* im *Paris* oder ganz elegant im *Bellagio.*

Dazu finden Sie in jedem Hotel *coffee shops,* die meist rund um die Uhr Frühstück und Abendessen servieren.

AMERICAN FISH
Exzellentes Fischrestaurant, stylish-rustikal mit Holzdielen und einem Kunstwald. Sehr gut: *black cod* aus Washington. *Aria Casino | 3730 Las Vegas Blvd. S | Tel. 877 2 30 27 42 | €€€*

HOUSE OF BLUES
Amerikanische Südstaatenküche, Dekor im Stil von New Orleans. Sonntags Gospelbrunch. Im angeschlossenen Club treten abends oft berühmte Bands auf. *Im Mandalay Bay Hotel | 3950 Las Vegas Blvd. S | Tel. 702 6 32 76 00 | €–€€*

MARGARITAVILLE
Quirliges Partylokal mit mexikanisch-karibischer Küche. Im Obergeschoss nette  Terrasse mit Blick über den Strip. *Flamingo Casino | 3555 Las Vegas Blvd. S | Tel. 702 7 33 33 02 | www.margaritavillelasvegas.com | €€*

OLIVES
Exzellenter Italiener mit kleinen Balkonen über der Lagune – ideal für den Blick über die Wasserspiele. *Bellagio | 3600 Las Vegas Blvd. S | Tel. 702 6 93 88 65 | €€*

SERENDIPITY 3 ●
Direkt am Strip eine Terrasse vor dem Caesars Palace, serviert werden glasierte Rippchen, fabelhafte Milkshakes und super Nachspeisen. Abends auch leckere Drinks. *3570 Las Vegas Blvd. S | Tel. 877 3 46 46 42 | €–€€*

TOBY KEITH'S
I LOVE THIS BAR & GRILL
Im Lokal des Westernsängers werden Rippchen und knuspriger *catfish* serviert.

Kasinohotel The Venetian: ein Double der Lagunenstadt im *American style*

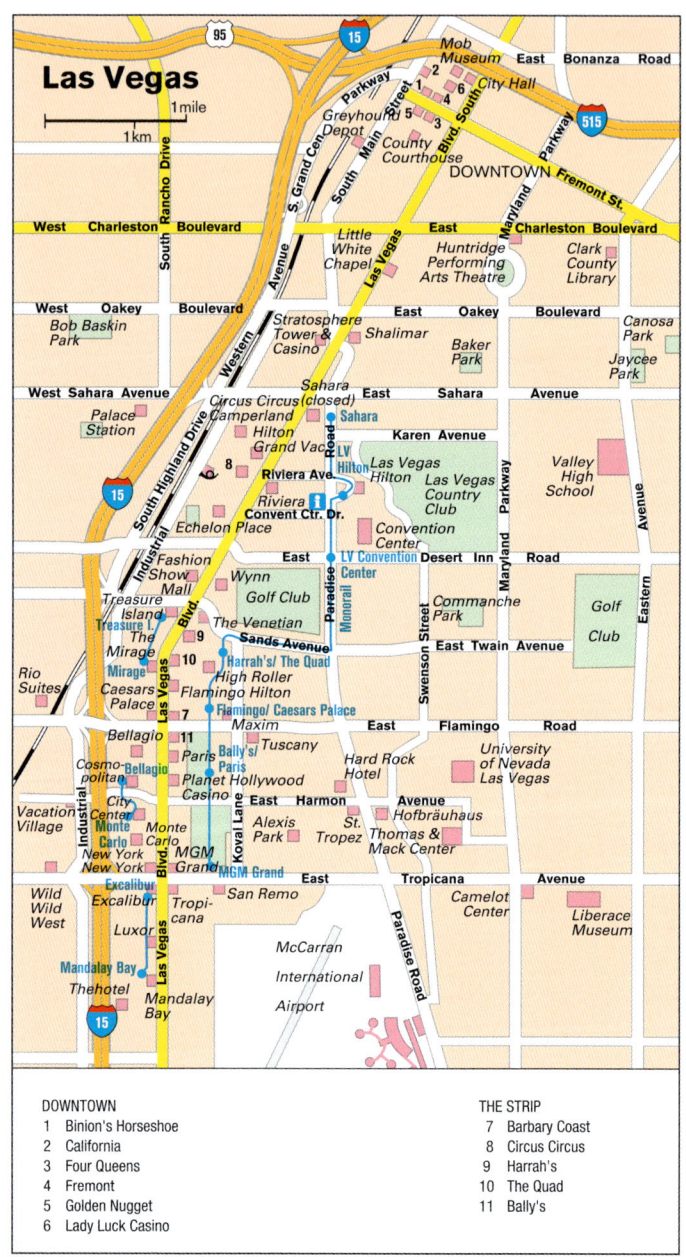

Las Vegas

1 mile

1 km

DOWNTOWN

1 Binion's Horseshoe
2 California
3 Four Queens
4 Fremont
5 Golden Nugget
6 Lady Luck Casino

THE STRIP

7 Barbary Coast
8 Circus Circus
9 Harrah's
10 The Quad
11 Bally's

Abends live Countrymusik. *Harrah's Casino | 3475 Las Vegas Blvd. S | Tel. 877 3 46 46 42 | €*

INSIDER TIPP ▶ VOODOO STEAK & LOUNGE ☆

Etwas abseits vom Strip, aber mit Traumblick über die Stadt im *Rio Suite Casino.* Daneben bietet das *Rio Casino* zwei exzellente Buffetrestaurants. *3700 W Flamingo Rd. | Tel. 702 7 77 78 00 | €€*

EINKAUFEN

FASHION SHOW MALL

Elegantes Einkaufszentrum mit rund 250 Boutiquen und Restaurants. *3200 Las Vegas Blvd. S*

LAS VEGAS PREMIUM OUTLET CENTER

Große Mall mit Diskontverkauf von rund 140 Markenartikeln wie Nike, Calvin Klein, Polo Ralph Lauren etc. *7400 Las Vegas Blvd. S*

FREIZEIT & SPORT

Fitnesscenter und Swimmingpools, oft sogar große Badelandschaften finden Sie in den meisten Kasinohotels. Viele haben außerdem Tennisanlagen. Und über die Concierge können Sie *teetimes* auf einem der rund 60 Golfplätze buchen.

AM ABEND

Große Revuen und Konzerte berühmter Künstler sind in Las Vegas so gut und günstig zu erleben wie nirgendwo sonst in den USA. Es gibt meist eine Dinnervorstellung gegen 20 Uhr für 30–120 $ und eine Cocktailshow um 23 Uhr für 20–100 $. Topattraktionen wie Céline Dion oder Rod Stewart, die abwechselnd mit Elton John und Shania Twain im *Caesars Casino (www.caesarspalace.com)* auftreten, kosten teils mehr als 100 $.
Die aktuellen Konzerte der Stars, zu denen Sie oft auch noch kurzfristig Karten

Wer hier hineingeht, kommt stets mit Einkaufstüte wieder raus: Fashion Show Mall

bekommen, werden in großen Lettern auf den Neonschildern der Kasinos ausgewiesen. Unter den längerfristigen Shows sind vor allem sehenswert: die Revuen *„Jubilee" (Bally's Casino | Tel. 702 7 77 27 82)* und die *„Legends in Concert" (Flamingo Casino | Tel. 702 7 77 77 76)*. Das Beste, was Las Vegas derzeit zu bieten hat, sind die spektakuläre Wassershow *„O" des Cirque du Soleil (Mi–So | Eintritt 100–150 $ | Bellagio | Tel. 702 7 96 99 99)*, das Beatles-Musical *„Love" (ebenfalls Cirque du Soleil | Mirage Casino | Tel. 702 7 92 77 77)*, die Produktion *„Le Rêve" (im Wynn Casino | Tel. 702 7 70 99 66)* oder oder das Performancespektakel der *„Blue Man Group" (Monte Carlo Casino | Tel. 800 2 58 36 26)*.

ÜBERNACHTEN

COSMOPOLITAN
Mittendrin und ultra schick mit Design von David Rockwell. Ideal: die Zimmer auf der Nordseite haben den **INSIDER TIPP** Blick auf die Wassershow des benachbarten Bellagio gratis. Sehr gute Restaurants und ein fabelhaftes Design-Spa. *3000 Zi. | 3708 Las Vegas Blvd. S | Tel. 702 6 98 70 00 | www.cosmopolitanlasvegas. com | €€–€€€*

FLAMINGO LAS VEGAS
Das angenehmste unter den großen, alten Kasinohotels. Zentral gelegen – im Garten laufen tatsächlich Flamingos herum. *3565 Zi. | 3555 Las Vegas Blvd. S | Tel. 702 7 33 31 11 | www.flamingolasvegas.com | €–€€*

GOLDEN NUGGET
Ein traditionsreiches Kasinohotel mitten in Downtown mit rund 1900 modern möblierten Zimmern in allen Preislagen. *129 E Fremont St. | Tel. 702 3 85 71 11 | www.goldennugget.com | €–€€€*

NEW YORK – NEW YORK
Zum Wohnen ein Abstecher nach New York? Hier ist es möglich. *2024 Zi. | 3790 Las Vegas Blvd. S | Tel. 702 7 40 69 69 | www.newyorknewyork.com | €€–€€€*

THE VENETIAN
Ein luxuriöser Traumpalast im Stil Venedigs. Dazu eine Poollandschaft und sehr gutes Spa der Edelmarke Canyon Ranch. Alle 4027 Zimmer sind 60 m² große Suiten. *3355 Las Vegas Blvd. S | Tel. 702 4 14 10 00 | www.venetian.com | €€€*

INSIDER TIPP TROPICANA RESORT
Gutes Preis-Leistungs-Verhältnis und gute Lage – ein renoviertes Hotel am Strip mit großem Pool. *1800 Zi. | 3801 Las Vegas Blvd. S | Tel. 702 7 39 22 22 | www.troplv.com | €*

AUSKUNFT

LAS VEGAS CONVENTION & VISITORS AUTHORITY
3150 S Paradise Rd. | Tel. 702 8 92 75 75 | www.lasvegas.com

ZIELE IN DER UMGEBUNG

HOOVER DAM/LAKE MEAD ⭐
(136 B1–2) (*M* C–D5)
221,4 m hoch und an der Basis rund 200 m dick ist der gewaltige Betonwall, der im schmalen *Black Canyon* rund 40 km südöstlich von Las Vegas den Lauf des Colorado River versperrt. Mit dem Hoover Dam wird der Fluss hier zum See aufgestaut. Schon 1922 hatte die US-Regierung den Bau beschlossen, um die verheerenden Überflutungen in den Griff zu bekommen. 1935 war es so weit: Nach nur vier Jahren Bauzeit war die Staumauer fertig; das zugehörige Kraftwerk versorgt mit seinen 17 riesigen Turbinen seither Las Vegas und sogar einen Teil

Südkaliforniens mit Strom. Vom  *Visitor Center* an der Westseite des Canyon bietet sich ein spektakulärer Blick in die Tiefe (es gibt ca. 40-minütige Führungen durch das Kraftwerk).

Hinter dem Damm staut sich der 180 km lange *Lake Mead,* einer der größten Kunstseen der Welt. Mehrere Strände wie etwa *Boulder Beach* oder *Willow Beach* laden entlang der – allerdings steinigen – Ufer zum Baden ein. Von der *Lake Mead Marina* am *Lakeshore Scenic Drive* legt täglich der Schaufelraddampfer *Desert Princess (Preis 26–61,50 $ | möglichst vorab reservieren: Tel. 702 2 93 61 80 | www.lakemeadcruises.com)* zu Sightseeing- und Dinner-Cruises ab.

RED ROCK CANYON (136 A1) *(𝄞 C5)*

Für einen ersten Eindruck von den Wildwestlandschaften des Südwestens ist die bizarre Felswelt des Red Rock Canyon eine halbe Fahrstunde westlich von Las Vegas genau richtig. Eine 20 km lange  Panoramastraße führt zu Aussichtspunkten und Wandertrails in dem rund 330 km² großen Naturschutzgebiet in der Mojave-Wüste *(Visitor Center am Beginn der Scenic Rd.).* In der nachgebauten Westernstadt *Old Nevada/Bonnie Springs* nahe dem Parkeingang gibt's täglich Schießereien.

VALLEY OF FIRE (136 B1) *(𝄞 C5)*

Tiefrote, von Wind und Gewitterregen seltsam geformte Sandsteinfelsen haben dem „Feuertal" knapp 90 km nordöstlich von Las Vegas seinen Namen gegeben. Kurze Wanderwege wie etwa der Trail zum *Mouse's Tank* erschließen die schönsten Canyons in den rund 150 Mio. Jahre alten Felsformationen. Zudem lässt sich ein Tagesausflug gut mit einer Fahrt am Ufer des Lake Mead verbinden. Auch Camping- und Picknickplätze sowie ein *Visitor Center* sind vorhanden.

Nostalgisch: eine Fahrt mit dem Schaufelraddampfer über den Stausee Lake Mead

ARIZONA

Auf den Autokennzeichen preist sich Arizona als der *Grand Canyon State* und rühmt sich damit eines wahren Weltwunders. Doch typisch für den knapp 300 000 km² großen Staat ist die Riesenschlucht im äußersten Norden keineswegs. Typisch und als Reiseerinnerung am nachhaltigsten ist stattdessen das imposante Nebeneinander extremer Kontraste.

Überraschend schnell, oft schon nach ein paar Highwaykurven wechseln dichte Nadelwälder mit dürren Wüsten ab, über denen die beeindruckenden Saguarokakteen wie ein Wald von Telegrafenmasten aufragen. Mal stehen Sie in einem staubigen Westernnest, wo jeden Moment John Wayne aus dem Saloon kommen könnte. Und dann, einige Minuten Fahrt weiter, plätschern künstliche Wasserfälle zwischen den Palmen einer Luxusferienanlage. Selbst das Klima wechselt stark: Klirrende Kälte ist zu Weihnachten in den Skigebieten bei Flagstaff ebenso normal wie flimmernde Backofenhitze um Phoenix und Tucson im Sommer.

Arizona ist ein Land voller Kontraste – auch was die Kultur angeht. Die alteingesessenen Indianerstämme haben ihre in sich abgeschlossenen Enklaven, während die moderne amerikanische Freizeitkultur in und um die größeren Städte ihren Niederschlag in Shoppingmalls und Wasserparks findet. Und der geografisch wie historisch begründete Einfluss des nahen Mexiko in Küche, Kunst und Architektur ist nicht zu übersehen.

Bild: Monument Valley

Wildwestromantik & Wasserspiele: Cowboys und Indianer gibt es immer noch, aber auch schicke Golfresorts, Galerien und Szenecafés

Vor 150 Jahren noch war Arizona der wildeste Teil des Wilden Westens – Revolverhelden terrorisierten die Bergbaustädte, die Apachen und die Navajos führten blutige Überfälle gegen vordringende Siedler – und wurden dann in bitteren Vernichtungsfeldzügen von der US-Kavallerie „befriedet" und in Indianerreservate abgedrängt. Doch sie haben überlebt und zählen heute sogar zu den am schnellsten wachsenden Bevölkerungsgruppen. Die Navajos, deren Reservat im Nordosten Arizonas so groß

ist wie Bayern, sind heute der größte Stamm der USA.

Superlative hört man oft in Arizona, gewaltige Dimensionen sind an der Tagesordnung. So liegen hier die beiden größten Stauseen Amerikas, Lake Mead und Lake Powell, die Energie für die aufstrebenden Großstädte liefern. Doch andererseits bedrohen die Dämme und Kunstseen auch die Ökosysteme rund um den Flusslauf des Colorado River – extreme Kontraste auch hier in Politik und Umweltschutz.

BISBEE

(137 E6) *(ΩD F8)* **Das Westernstädtchen (6000 Ew.) in den Bergen Südarizonas vermittelt ein erstaunlich intaktes Bild vom Leben der Kupferminenarbeiter vor 100 Jahren.**

Kein Neubau stört das Idyll, und die paar Straßen im engen Tal bieten alles, was zu

Schöne B-&-B-Zimmer in den renovierten Räumen einer alten Schule bietet das **INSIDER TIPP** *Schoolhouse Inn (9 Zi. | 818 Tombstone Canyon St. | Tel. 520 4 32 29 96 | www.schoolhouseinnbb.com | €–€€)*. Früher eine edle Absteige für die Minenbosse, heute samt Restaurant und Saloon stilvoll runderneuert: das *Copper Queen (47 Zi. | 11 Howell Ave. | Tel. 520 4 32 22 16 | www.copperqueen.com | €€)*.

Eng schmiegen sich die Bauten der Anasazi in die natürlichen Höhlen des Canyon de Chelly

einem guten Western gehört: eine Bank, einige Saloons und ein Gefängnis. Seit etwa 20 Jahren lockt Bisbee Künstler und Lebenskünstler an, die das Städtchen vor dem drohenden Verfall bewahrt haben. Die Geschichte der Stadt und des Bergbaus wird in dem kleinen *Bisbee Mining and Historical Museum (tgl. 10–16 Uhr | Eintritt 7,50 $)* an der Copper Queen Plaza nacherzählt. Mit einer kleinen Bergbahn geht es in die *Queen Mine (tgl. 9–15.30 Uhr | Eintritt 13 $ | Hwy. 80 | www.queenminetour.com)*, wo frühere *miners* vom Leben der Bergarbeiter erzählen. Nebenan liegt die *Lavender Pit*, ein gigantisches Loch, das Kupfergräber in Jahrzehnten ausgehoben haben.

CANYON DE CHELLY NAT. MONUMENT

(137 E–F1–2) *(ΩD F5)* ⭐ **Die zwei spektakulär zerklüfteten Schluchten im heutigen Navajo-Reservat hatten schon vor 800 Jahren den Anasazi-Indianern Schutz und – in den Talsohlen – Ackergrund für die Landwirtschaft geboten.**

An den Felswänden der 50 km langen und 300 m tiefen Canyons sind die gemauerten Klippenhäuser der Anasazi heute noch gut zu erkennen.

SEHENSWERTES

AUSSICHTSPUNKTE

Die interessantesten Ausblicke am *North Rim Drive* (das beste Licht haben Sie am frühen Vormittag) sind der ☘ *Mummy Cave Overlook* und der ☘ *Antelope House Overlook*. Spätnachmittags sind der ☘ *White House Overlook* (mit Kletterweg in die Schlucht) und der ☘ *Spider Rock Overlook* am *South Rim Drive* besonders eindrucksvoll.

TOUREN

Per Allradfahrzeug oder zu Pferd **INSIDER TIPP** führen kundige Navajo-Indianer Gäste in die Canyons, in denen auch einige Navajo-Familien leben. Info: *Sacred Canyon Lodge (Tel. 928 6 74 58 41)* und im *Canyon de Chelly Visitor Center (Tel. 928 6 74 55 00)*.

ÜBERNACHTEN

HOLIDAY INN CANYON DE CHELLY

Kleine Anlage im Adobe-Stil nahe dem Parkeingang. Pool, kleines Restaurant. *108 Zi. | Chinle | Tel. 928 6 74 50 00 | www.holidayinn.com | €€*

ZIELE IN DER UMGEBUNG

HOPI RESERVATION

(137 D–E1–2) (*ω F5*)

Vor rund 3000 Jahren siedelten die Vorfahren der Hopi auf den drei Tafelbergen des heutigen Reservats, rund 100 km westlich des Canyons, und bauten Dörfer wie *Walpi (Führungen)* und *Oraibi* auf den Klippen. Bis heute halten die traditionsbewussten Hopi an ihren überlieferten Ritualen fest und schotten sich den Weißen gegenüber ab – sogar Fotografieren ist hier strikt verboten. Das *Hopi Cultural Center* auf dem Tafelberg *Second Mesa* verdeutlicht die Lebensweise des Stamms, dort erfahren Sie auch, wann jeweils Zeremonientänze stattfinden. *www.hopiculturalcenter.com*

HUBBELL TRADING POST

(137 E2) (*ω F5*)

Der fotogene Handelsposten von 1878, 50 km südlich des Canyons, steht heute unter Denkmalschutz. Ausstellungen im *Visitor Center* sowie Vorführungen indianischer Webarbeiten. *Nahe Ganado am Hwy. 264*

FLAGSTAFF

(137 D2) (*ω E6*) **Auf den ersten Blick zieht sich Nordarizonas größte Stadt (134 000 Ew.) recht unspektakulär an der Route 66 entlang.**

⭐ **Canyon de Chelly Nat. Monument**
Wilde Schluchten mitten im Navajo Reservat → S. 44

⭐ **Grand Canyon Nat. Park**
1700 m tief – ein echtes Weltwunder → S. 48

⭐ **Monument Valley**
Die berühmteste Wildwestszenerie – nur die Postkutsche fehlt → S. 52

⭐ **Arizona-Sonora Desert Museum**
Wüstenmuseum der Spitzenklasse → S. 59

⭐ **Mission San Xavier del Bac**
Relikt aus der Kolonialzeit: Arizonas schönste Missionskirche → S. 60

MARCO POLO HIGHLIGHTS

Doch Flagstaff eignet sich dank zahlreicher guter Motels bestens als Standort für Touren zum (chronisch ausgebuchten) Grand Canyon und nach Sedona. Aber auch die Stadt selbst und ihre Umgebung lohnen den Stopp. Eine kreative Studentenszene hält die gut restaurierte Altstadt lebendig.

Einen Besuch wert ist der *Walnut Canyon* im Osten der Stadt, in dem schon vor 800 Jahren Sinagua-Indianer siedelten (Lehrpfad zu den Ruinen). Unmittelbar nördlich von Flagstaff ragen die Vulkangipfel der *San Francisco Mountains* auf, ein schönes Wander- und Bikerrevier.

SEHENSWERTES

LOWELL OBSERVATORY

In der Sternwarte, von der aus 1930 der Planet Pluto entdeckt wurde, können Sie einen faszinierenden Blick auf Mars, Venus und Saturn werfen. *Tgl. 9–21.30, So bis 17 Uhr | Eintritt 12 $ | 1400 W Mars Hill Rd.*

MUSEUM OF NORTHERN ARIZONA

Sehr gute Ausstellungen über Naturgeschichte und indianische Kulturen der Grand-Canyon-Region. *Tgl. 10–17, So ab 12 Uhr | Eintritt 10 $ | 3101 N Fort Valley Rd., 5 km nördlich an der US 180 | www. musnaz.org*

ESSEN & TRINKEN

FLAGSTAFF BREWING COMPANY

Lebendiger Treff in der Altstadt mit langer Bar, schöne Terrasse und Livemusik am Wochenende. *16 E Route 66 | Tel. 928 7 73 14 42 | €*

HORSEMEN LODGE

Uriges Steaklokal mit Wildwestdekor und viel Flair; etwas außerhalb. *8500 N Hwy. 89 | Tel. 928 5 26 26 55 | €€*

AM ABEND

INSIDER TIPP ▶ **THE MUSEUM CLUB**

Ein großes, altes Roadhouse direkt an der Route 66 mit stimmungsvollem Interieur und bester Countrymusik bis 2 Uhr nachts. *3404 E Route 66 | www. themuseumclub.com*

ÜBERNACHTEN

LA QUINTA INN

Trotz Nähe zum Autobahndreieck ruhig im Wald gelegen. Moderne Anlage, rund

BLITZÜBERFLUTUNGEN

An den Highways im Süden Arizonas und New Mexicos sieht man immer wieder mal die Schilder: *flash floods.* Wovor wird da gewarnt? Vor Überflutungen mitten in der Wüste? Die Sonne strahlt vom wolkenlosen Himmel, kein Regentropfen ist in Sicht.

Doch die Schilder sollten Sie ernst nehmen: Irgendwo, 30 km weiter, kann es in den Bergen regnen, und dann schießt das Wasser durch die ausgetrockneten Bachbetten hinab in die Wüste. Und wer in einem dieser *arroyos* zeltet oder den Wagen in einer Senke am Highway parkt, kann eine nasse Überraschung erleben – eine gefährliche zudem, denn das mitgerissene Geröll zerbeult das Auto zu Schrott, und unvorsichtige Camper sind in der Wüste sogar schon ertrunken.

Versteinerter Baumstamm im Petrified Forest National Park

3 km zur Altstadt. *128 Zi. | 2015 S Beulah Blvd. | Tel. 928 5 56 86 66 | www.lq.com | €–€€*

MONTE VISTA

Nostalgischer Old-Town-Charme verbirgt sich hinter einer alten Ziegelfassade im Zentrum. 50 einfache Zimmer. *100 N San Francisco St. | Tel. 928 2 13 29 51 | www. hotelmontevista.com | €–€€*

AUSKUNFT

FLAGSTAFF VISITORS BUREAU

Infocenter im alten Bahnhof von Old Town | Tel. 928 7 74 95 41 | www. flagstaffarizona.org

ZIELE IN DER UMGEBUNG

PETRIFIED FOREST NAT. PARK

(137 E3) (*F6*)

Vor über 220 Mio. Jahren schluckte hier, rund 90 km östlich von Flagstaff, ein urzeitlicher Sumpf mächtige Bäume. Sie wurden von Sedimenten überlagert und im Lauf der Zeit versteinert. Erosionen haben die Baumriesen wieder freigelegt. An der 46 km langen Panoramastraße durch den Park sind die zum Teil wie Edelsteine schillernden Holzstücke auf Lehrpfaden zu bewundern. Das *Rainbow Forest Museum (tgl. 8–17 Uhr)* am Nordeingang erläutert die Geologie des Parks und der mineralisch bunten Hügel des *Painted Desert* ringsum.

SUNSET CRATER NAT. MONUMENT

(137 D2) (*E5*)

Eine bizarre Lavalandschaft am Rand der *San Francisco Mountains* wird gekrönt von einem 300 m hohen Schlackekegel, der bei Sonnenuntergang tiefrot zu glühen scheint. Schon die Sinagua-Indianer hatten vor 800 Jahren die fruchtbare Vulkanasche für den Ackerbau genutzt. Die Siedlungsruinen sind auf den Rundwegen des benachbarten *Wupatki National Monument* zu besichtigen. *30 km nördlich am Hwy. 89*

Wer es bequem mag, kann den Abstieg in den Grand Canyon auf dem Maultier bestreiten

GRAND CANYON NAT. PARK

KARTE IM HINTEREN UMSCHLAG
(136–137 C–D 1–2) *(M D–E5)* ★ ●

Die größte Schlucht der Welt ist zugleich die berühmteste Sehenswürdigkeit des Südwestens.

Bis zu 1700 m tief stürzen die roten und ockerfarbenen Steilwände hinab zum Colorado River, der den Canyon innerhalb der letzten 2–5 Mio. Jahre schuf. Fast 450 km lang ist die Schlucht, bis zu 30 km breit, und das Alter der freigelegten Gesteinsschichten reicht 2 Mrd. Jahre zurück. Ein atemberaubender Blick tief in die Erdgeschichte, den jedes Jahr bis zu 5 Mio. Besucher genießen wollen.

Solch ein Andrang bringt auch logistische Probleme mit sich: Im Sommer sind hier Hotelzimmer ebenso knapp wie das Trinkwasser, das in Tankwagen von weither angekarrt werden muss.

SEHENSWERTES

AUSSICHTSPUNKTE

Der 2100 m über dem Meeresspiegel liegende ☀ *South Rim* ist ganzjährig geöffnet. Dort finden Sie die besten Aussichtspunkte wie *Yaki Point* und *Mather Point,* gute Spazierwege und das *Grand Canyon Village* mit Hotels, Läden und Museen. Auf dem ☀ *West Rim Drive* verkehren kostenlose Shuttlebusse bis *Hermit's Rest.* Weniger überlaufen ist der im Winter geschlossene *North Rim.* Zur Einstimmung sollten Sie sich den Grand-Canyon-Film im Imax-Kino von Tusayan am Hwy. 180 ansehen.

Am westlichen Südrand gibt es neuerdings einen weiteren Zugang zur Schlucht: In Grand Canyon West führt der *Skywalk*, eine gläserne Rampe, 15 m weit über den Steilhang hinaus. Ein Spektakel, das allerdings mit 38 $ Eintritt und zusätzlich 43 $ Reservatsgebühr relativ teuer ist – und zudem fast 5 Stunden Fahrt vom Grand Canyon Village entfernt liegt.

ESSEN & TRINKEN

Die Hotels im Park verfügen über durchschnittliche bis gediegene Restaurants (*El Tovar*) und Cafés, ebenso der *Desert-View*-Aussichtspunkt am Ostende des East Rim Drive. In *Tusayan* sind Fastfoodlokale auf hungrige Massen eingestellt.

CANYON STAR

Rippchen und Steaks; abends meist INSIDER TIPP Livemusik und indianische Tänzer. *Im Grand Hotel, Hwy. 64, Tusayan | Tel. 928 6 38 33 33 | €€*

FREIZEIT & SPORT

BOOTSTOUREN

Mehrtägige Schlauchbootfahrten auf dem Colorado River werden von mehreren Gesellschaften angeboten oder bei der zentralen Buchungsagentur *Rivers & Oceans (Tel. 928 5 26 45 75 | www.rivers-oceans.com)*. Frühzeitig buchen!

CANYONWANDERUNGEN

Für eine Wanderung auf dem *South Kaibab Trail* (11 km einfach) oder dem *Bright Angel Trail* (15 km) hinab zum Ufer des Colorado River sollten Sie sich einen kühlen Tag aussuchen. Im Hochsommer kann die Temperatur unten im Canyon bei 50 Grad Celsius liegen. Wasser nicht vergessen! Schönstes Ziel für eine mehrtägige Wandertour ist die Seitenschlucht INSIDER TIPP *Havasu Canyon (rechtzeitig anmelden unter Tel. 928 4 48 21 21)* mit ihren spektakulären Wasserfällen im Reservat der Havasupai-Indianer. Geführte ein- und mehrtägige Wanderungen am und in den Grand Canyon und auch in den Havasu Canyon bietet die örtli-

che Firma *Wildland Trekking (Tel. 928 3 79 63 83 | www.wildlandtrekking.com)*

INSIDER TIPP RADTOUREN

Der *West Rim Drive* am Südrand des Canyons ist für PKWs gesperrt und ideal für eine Radtour. Bei *Bright Angel Bicycles (Tel. 928 6 38 30 55 | www.bikegrandcanyon.com)* an der *Visitor Plaza* am *Mather Point* können Sie von April bis November Räder mieten.

RUNDFLÜGE

Auch kurzfristig können Sie am *Grand Canyon Airport* in Tusayan oft noch Hubschrauberflüge über den Canyon buchen, z.B. bei *Papillon Grand Canyon Helicopters (Tel. 888 6 35 72 72)* oder bei *Grand Canyon Airlines (Tel. 866 2 35 94 22)*.

ÜBERNACHTEN

CANYON PLAZA RESORT INN

Modernes Haus, trotz Ortslage recht ruhig. Gutes, jedoch teures Restaurant. *232 Zi. | Tusayan | Tel. 928 6 38 26 73 | www.grandcanyonplaza.com | €€*

NATIONAL PARK LODGES

Die Hotels im Park (sechs am Süd-, eines am Nordrand) sowie Maultierritte mit Übernachtung auf der *Phantom Ranch* am Grund des Canyons müssen Sie frühzeitig buchen. Zentrale Reservierungsstelle: *Xanterra Parks & Resorts (P. O. Box 699 | Grand Canyon National Park, AZ 86023 | Tel. 303 2 97 27 57 | www.grandcanyonlodges.com)*. Kurzfristige Anfragen nach stornierten Zimmern für denselben Abend unter *Tel. 928 6 38 26 31 (alle Lodges im Park | €€–€€€)*. Weitere Unterkünfte finden Sie im Ort Tusayan am südlichen Parkeingang. Wer wandern und direkt im Canyon in Zelten übernachten will, braucht eine Genehmigung *(10 $ Gebühr und 5 $ Person/Nacht).*

AUSKUNFT

Große *Canyon View Information Plaza* am Mather Point. Von hier verkehren kostenlose Shuttlebusse zum *Grand Canyon Village* und entlang des gesamten *South Rim* und zum *West Rim*, denn die meisten Straßen sind für Privatautos gesperrt. Anmeldung für mehrtägige Wanderungen im *Backcountry Office (Tel. 928 6 38 78 75 | www.nps.gov/grca)*.

KINGMAN

(136 B2–3) (*ᗗ D6*) **Das eher triste Wüstennest (30 000 Ew.) im Nordwesten Arizonas ist für Trucker und Touristen meist nur ein Erfrischungsstopp auf der Fahrt zwischen Flagstaff und Las Vegas – nicht jedoch für Harley-Fans.**

Denn Kingman liegt an der legendären Fernstraße Route 66 und ist in Bobby Troups gleichnamigem Ohrwurm („Get your kicks on route 66") von 1946 verewigt. Die schönsten Reliquienstätten sind das Restaurant *Mr. D'z (105 E Andy Devine Ave.)*, das *Route 66 Museum* im Kingman Visitor Center *(tgl. 9–17 Uhr | Eintritt 4 $ | 120 W Andy Devine Blvd.)* und die witzig dekorierte Lobby des *Quality Inn (1400 E Andy Devine Ave.)*.

ZIEL IN DER UMGEBUNG

ROUTE 66 (136 B–C2) (*ᗗ D–E6*)
Highwaynostalgiker und Harley-Biker zieht es östlich von Kingman auf die alte Originalstrecke: über *Hackberry* (herrlich skurriler *general store)* und *Peach Springs* nach *Grand Canyon Caverns* (traditioneller 66-Pausenstopp) und weiter nach *Seligman*, wo Sie zahlreiche alte Gebäude und ein witziger Hamburgerstand, das INSIDER TIPP▶ *Snocap Drive-In*, erwarten. Der Mythos ist aber in die Jahre gekommen: ein paar Häuser im hügeligen Nirgendwo, rostige Neonschilder vor längst verlassenen Motels – bonjour, tristesse! Noch dramatischer und auch fotogener ist das Stück Route 66, das von ☀ Kingman westwärts bis zum alten Bergwerksnest *Oatman* führt.

LAKE POWELL/ PAGE

(137 D1) (*ᗗ E4*) ● **Vom Grand Canyon aus stromaufwärts staut seit 1964 der Glen Canyon Dam den Colorado River zum zweitgrößten Stausee der USA.**

Durch die extreme Trockenheit der letzten Jahre fiel der Wasserspiegel des Sees rund 30 m und hat viele versunkene Schluchten wieder freigelegt. Das Labyrinth von Buchten, Felseninseln und roten Canyons ist mit mehr als 3000 km Uferlinie ein Paradies für Wassersportler. Das Städtchen *Page* am Südrand des Damms hat sich rasant vom Arbeitercamp der Dammbauer zum beliebten Startpunkt für Bootstouren entwickelt.

SEHENSWERTES

ANTELOPE CANYON

Die aus vielen Fotokalendern bekannte enge Schlucht aus erodiertem Sandstein ist nur auf geführten Touren zu besuchen und zeitweilig recht überlaufen. Kommen Sie mittags, denn dann fallen die Sonnenstrahlen wie magisch in die schmale Schlucht. Kindern gefällt die *Lower Antelope Canyon Tour* meist besser mit engen Passagen und mehr Leitern. *Zu buchen direkt auf dem Parkplatz am Hwy. 98, 10 km östlich von Page oder bei der Chamber of Commerce im Ort | Eintritt 6 $, Führung durch Navajo-Guides 25–80 $ | Tel. 928 6 45 27 41*

GLEN CANYON DAM

Eine riesige Talsperre aus Beton, die Wasser und Energie liefert und das Erdreich vor Überflutung schützt: Der 216 m hohe Glen Canyon Dam wirkt durch den schmalen, tief in die roten Sandsteinklippen eingeschnittenen Glen Canyon besonders eindrucksvoll (guter Aussichtspunkt am ☀ *Scenic Drive* etwas stromabwärts des Damms). Auf der Westseite der Schlucht an der US 89 zeigt das ● *Carl Hayden Visitor Center (tgl. 8–18, im Winter 8.30–16.30 Uhr | Eintritt*

gewaltige Flussschleife des Colorado River. *Am Hwy. 89 etwa 7 km südlich von Page; vom kleinen Parkplatz rechter Hand führt ein zehnminütiger Schotterweg zum Canyonrand*

ESSEN & TRINKEN

JA'DI' TOOH ☀

Ideal zum Sonnenuntergang: Das schwimmende Restaurant im Lake Powell serviert Pizzen und Salate. *Antelope Point Marina | Tel. 928 6 45 59 00 | €–€€*

Vom einfallenden Licht in Szene gesetzt: bizarre Sandsteinformationen im Antelope Canyon

frei) Ausstellungen zum Bau des Damms sowie eine große Reliefkarte des gesamten Canyongebiets. Hier beginnen auch 45-minütige Führungen *(5 $)* zum Damm.

HORSESHOE BEND ☀

In schwindelnder Höhe wartet hier ein spektakulärer Panoramablick über eine

FREIZEIT & SPORT

Boots- und Raftingtouren sowie voll eingerichtete Hausboote (bis zu 9 Pers.) als Unterkunft und für längere Touren auf dem See sollten Sie unbedingt vorab buchen *(Tel. 928 6 45 24 33 | www.lakepowell.com)*.

ÜBERNACHTEN

COURTYARD MARRIOTT

Die schönste Unterkunft in Page: große Zimmer, Blick von der Höhe auf den See oder den benachbarten Golfplatz. Ideal für Familien sind die Münzwaschmaschinen. *153 Zi. | 600 Clubhouse Dr. | Tel. 928 6 45 50 00 | www.marriott.com | €€*

LAKE POWELL RESORT

Modernes Hoteldorf mit 350 Zimmern. Etwas nüchtern und unpersönlich, aber sehr schön direkt am See gelegen. *100 Lakeshore Dr. | Tel. 928 6 45 24 33 | www.lakepowell.com | €€*

MONUMENT VALLEY

(137 E1) (⟡ F4) ⭐ ● **Unzählige Westernfilme und Reklamespots haben die mächtigen Sandsteinmonolithen und roten Tafelberge des Wüstentals direkt an der Grenze zwischen Utah und Arizona weltberühmt gemacht.**

Das Tal liegt im Navajo-Reservat, und einige indianische Familien leben hier noch ganz traditionell in ihren *Hogan*-Rundhäusern.

erhaltenen Anasazi-Ruinen von *Betatakin* aus dem 13. Jh.

SEHENSWERTES

MITTENS

Die bekanntesten Felsformationen sind die beiden dramatisch aufragenden *Mittens,* die wie aufrecht stehende Fäustlinge in den Himmel zeigen. Vom ☘ *Visitor Center* des *Navajo Tribal Park* aus begleiten Navajo-Guides Ausflüge zu den Felssskulpturen – im Jeep, per Kleinbus oder mit dem Pferd. Interessant sind vor allem im **INSIDER TIPP** *Navajo National Monument* die hervorragend

ESSEN & TRINKEN/ÜBERNACHTEN

GOULDING'S LODGE ☘

Ein gepflegtes historisches Motel mit gutem Restaurant und herrlichem Ausblick. Reservieren! *62 Zi. | Monument Valley | Tel. 435 7 27 32 31 | www.gouldings.com | €€*

INSIDER TIPP SWINGING STEAK ●

Uriges Cowboylokal mit viel Westernflair am Nordrand des Monument Valley. Die Steaks werden draußen am offenen Feuer gegrillt! *Mexican Hat Lodge | Hwy. 163 Main Ave. | Tel. 435 6 83 22 22 | €–€€*

THE VIEW ☘

Neue, von Navajo geführte Lodge mitten im Tal. Spektakuläre Aussicht. *52 Zi. | Monument Valley Tribal Park | Tel. 435 7 27 55 55 | www.monument valleyview.com | €€–€€€*

Naturwunder und Filmkulisse zugleich: das 120 km² große Gebiet des Monument Valley

WETHERILL INN MOTEL
Standardhotel, jedoch eine gute Alternative zur häufig ausgebuchten Goulding's Lodge. *54 Zi. | 1000 Main St. | Kayenta Hwy. 163 | Tel. 928 6 97 32 31 | www.wetherillinn.com | €*

NOGALES

(137 E6) *(M E8)* **Wer schon immer mal nach Mexiko wollte, ist hier richtig, denn quer durch das Städtchen (20 000 Ew.) zieht sich die Staatsgrenze.** Vorsicht aber: In den letzten Jahren ist es in den mexikanischen Grenzstädten vermehrt zu Drogengewalt und sogar Schießereien gekommen. Das Auto lassen Sie auf der US-Seite stehen (und für 5 $ bewachen) und schlendern in den mexikanischen Teil (Reisepass genügt), wo an der *Avenida Obregón* bunte Läden und (im hinteren Teil) nette Cafés liegen. Schön auf den Hügeln zwischen Nogales und Tubac liegt (auf der US-Seite) das gepflegte *Esplendor Resort at Rio Rico*

(180 Zi. | Rio Rico, 1069 Camino Caralampi | Tel. 520 2 81 19 01 | www.esplendorresort.com | €€–€€€) mit Pool und Golfplatz.

ZIEL IN DER UMGEBUNG

TUBAC (137 D6) *(M E8)*
Als erste spanische Siedlung in Arizona wurde Tubac 1691 am Ufer des Santa Cruz Rivers gegründet. Heute bietet das Dorf (950 Ew.) rund 30 km nördlich von Nogales zahlreiche Galerien und Läden für Kunsthandwerk. Nahebei liegen die malerischen Ruinen der 300 Jahre alten Missionskirche *Tumacacori*.

PHOENIX/ SCOTTSDALE

KARTE IM HINTEREN UMSCHLAG
(137 D4) *(M E7)* **Die stolze Skyline mit ihren spiegelnden Hochhäusern verrät schon von Weitem: Man nähert**

sich der Metropole und Hauptstadt Arizonas mit ihrem berühmten Nobelvorort Scottsdale.

Die stetig wuchernde 4,3-Mio.-Einwohner-Stadt im breiten Tal des – meist ausgetrockneten – Salt River kämpft unentwegt gegen das Wüstenklima: Bei sengender Sonne und 40 Grad Celsius

PHOENIX

Das Stadtzentrum hat nur wenige Attraktionen wie den hochmodernen Rundbau des *Arizona Center* (Passagen, Läden, Cafés) oder das Riesensatteldach des *Bank One Stadium* zu bieten. Was Phoenix reizvoll macht, sind die herrlichen Resorts der Vororte und die Enklaven der ursprüngli-

Moderne Glasfassaden prägen das Stadtbild von Downtown Phoenix

rattern die Klimaanlagen auf Hochtouren, und nur die Nebelsprühanlagen auf den Caféterrassen bewahren die Gäste vor dem Hitzschlag.

SEHENSWERTES

HEARD MUSEUM

Umfassende Sammlung indianischer Kultur des Südwestens mit einer schönen Kachina-Puppen-Ausstellung und einem exzellenten Museumsladen. *Mo–Sa 9.30–17, So 11–17 Uhr | Eintritt 18 $ | 2301 N Central Ave. | www.heard.org*

chen Wüstennatur, z. B. der große *Papago Park,* in dem der *Phoenix Zoo (tgl. 9–16, Juni–Aug. 7–14 Uhr | Eintritt 20 $)* Wüstentiere und der hervorragende *Desert Botanical Garden (tgl. 8–20, im Sommer ab 7 Uhr | Eintritt 33 $)* über 20 000 Kakteen und Wüstenpflanzen zeigen.

PUEBLO GRANDE

Die Ruinen am Ufer des Salt River zeugen von den einst hier ansässigen Hohokam-Indianern. *Tgl. 9–16.45, So ab 13 Uhr, im Sommer So/Mo geschl. | Eintritt 6 $ | 4619 E Washington St.*

SCOTTSDALE

Der beliebte Villenvorort bietet die besten Golfplätze, die edelsten Boutiquen und die teuersten Luxushotels in ganz Arizona. Nicht versäumen: das Wohnstudio *Taliesin West (108 St./Cactus Rd.)* des legendären amerikanischen Architekten Frank Lloyd Wright sowie das feine und ● INSIDER TIPP hochmoderne Shoppingcenter *Scottsdale Fashion Square (Scottsdale Rd./Camelback Rd. | www.fashionsquare.com)* mit über 250 Läden von Edeldesignern bis zu H & M und guter Gastronomieauswahl.

ESSEN & TRINKEN

FRANK AND LUPE'S OLD MEXICO

Hier gibt's Spezialitäten aus New Mexico und gute Margaritas. *4121 N Marshall Way | Scottsdale | Tel. 480 9 90 98 44 | €*

PINNACLE PEAK PATIO

Riesiges Steakhouse in den Hügeln am Nordrand der Stadt. Cowboybands und Schießereien sorgen für Abwechslung. *10426 E Jomax Rd., Anfahrt über Pima Rd. | Tel. 480 5 85 15 99 | www.pppatio.com | €€*

TOP OF THE ROCK 🌿

Edelrestaurant mit Panoramablick im *Buttes Resort,* gekocht wird im neuen Southweststil. *2000 Westcourt Way | Tempe | Tel. 602 4 31 23 70 | €€€*

Z TEJAS

Texmex-Küche in einem schicken Treff im Scottsdale Fashion Square; gut für die Pause beim Shoppen. *7014 E Camelback Rd. | Tel. 480 9 46 41 71 | €–€€*

EINKAUFEN

Schön zum Bummeln ist INSIDER TIPP *Old Town Scottsdale* mit zahlreichen Boutiquen und Galerien entlang der *Main Street,* ansonsten findet Shopping meist in den großen Malls statt: dem *Biltmore Fashion Park (Camelback Rd./24th St.)* etwa oder in der schicken *Paradise Valley Mall (4568 E Cactus Rd.).* Zum Discountshoppen lohnt eine Fahrt zu den *Outlets at Anthem (I-17, Exit 229)* oder zu den *Arizona Mills (5000 S Arizona Mills Circle).*

AM ABEND

Chill out auf Westernart: kaltes Bier, Wildwestdekor und Countrymusik erwarten Sie in Scottsdale im ● INSIDER TIPP *Rusty Spur Saloon (7245 E Main St.).* Die junge Partyszene treffen Sie im *Maya Day and Nightclub (7333 E Indian Plaza)* – tagsüber gut geölt in der großen Poollandschaft, nachts bei House und Hiphop auf der Tanzfläche.
Countrymusikfans können im 🌿 *Rustler's Rooste (8383 S 48th St.)* im Süden von Phoenix bei Livebands den großartigen Blick über die Stadt genießen.

ÜBERNACHTEN

EMBASSY SUITES PHOENIX-AIRPORT

Angenehme Mittelklasse mit großen Zimmern und Pool. Zentral zwischen Flughafen, Zentrum und Scottsdale. *183 Zi. | 2333 E Thomas Rd. | Tel. 602 9 57 19 10 | www.embassysuites.com | €–€€*

FAIRMONT SCOTTSDALE PRINCESS

Luxuriöse Wüstenoase mit Spitzenrestaurants und Sportanlagen. Zwei 18-Loch-Golfplätze. *649 Zi. | 7575 E Princess Dr. | Scottsdale | Tel. 480 5 85 48 48 | www.fairmont.com/scottsdale | €€€*

SAGUARO ☺

Cooles Retrodesign in schickem Hotel am Ostrand der Old Town von Scottsdale. Die Farben der Wüstenblumen standen Pate für die Zimmer, Leder und Holz sorgen für Naturfeeling. Spa mit Naturkosmetikbehandlung. *194 Zi. | 4000 N Drinkwater Blvd. | Tel. 480 3 08 11 00 | www.the saguaro.com | €€–€€€*

AUSKUNFT

PHOENIX VISITORS BUREAU
125 N Second St. | Infobüro auch im Biltmore Fashion Park | Tel. 877 2 25 57 49 | www.visitphoenix.com

ZIEL IN DER UMGEBUNG

APACHE TRAIL ☀️ (137 D–E4) (*Ⓜ E7*)
Der nicht durchgehend asphaltierte Highway 88 windet sich östlich von Phoenix mit herrlichen Ausblicken durch die Wüstenberge. Auf dem Weg nach *Globe* (Westernatmosphäre!) kommen Sie an *Tortilla Flat* mit seinem Cowboysaloon, an Stauseen wie dem *Apache Lake* und dem *Roosevelt Lake* sowie am *Tonto Nat. Monument* vorüber, einer alten Felssiedlung der Salado-Indianer.

PRESCOTT

(136 C3) (*Ⓜ E6*) **Obwohl die Stadt (40 000 Ew.) 1863 als Goldgräbercamp gegründet wurde, haben Rancher und Holzfäller sie bis heute geprägt.**
Vor rund 100 Jahren war Prescott sogar kurze Zeit die Hauptstadt Arizonas. Angenehm: Es herrscht kaum Touristenrummel in den von Westernfassaden gesäumten Straßen.

SEHENSWERTES

SHARLOT HALL MUSEUM
Das in sieben historischen Gebäuden untergebrachte Museum widmet sich der Pioniergeschichte. *Mo–Sa 10–17, So 12–16 Uhr | Eintritt 7 $ | 415 W Gurley St. | www.sharlot.org*

ÜBERNACHTEN

ST. MICHAEL
Historisches Hotel mit viel Atmosphäre und einem Café. *72 Zi. | 205 W Gurley St. | Tel. 928 7 76 19 99 | www.stmichaelhotel.com | €*

AUSKUNFT

PRESCOTT CHAMBER OF COMMERCE
117 W Goodwin St. | Tel. 928 4 45 20 00 | www.prescott.org

SEDONA

(137 D3) (*Ⓜ E6*) **Imposante rote Felsformationen und ausgedehnte Bergwälder umrahmen das Künstler- und Golferstädtchen (10 000 Ew.).**
Auch der deutsche Maler Max Ernst, der hier eine Zeit lang lebte, ließ sich vom besonderen Flair Sedonas inspirieren. ● Die hier wirkenden Energieströme lockten in den letzten Jahren viele New-Age-Jünger an.
Die spektakulärsten Panoramen lassen sich von der ☀️ *Schnebly Hill Rd. (Hwy. 179)* zum Golferdorado *Oak Creek* und auf dem Weg zum *Boynton Canyon* bewundern. Das im mexikanischen Stil gehaltene Künstlerdorf *Tlaquepaque* im Stadtzentrum bietet einige hübsche Galerien, Kunsthandwerksläden und gute Lokale.

ESSEN & TRINKEN

L'AUBERGE DE SEDONA
Gourmetrestaurant mit sehr schöner Terrasse am Fluss. *301 L'Auberge Lane | Tel. 928 2 82 16 61 | €€€*

INSIDER TIPP **THE HEARTLINE CAFÉ**
Die kreativ zubereiteten Gerichte passen
zum künstlerischen Ambiente. *1610 West
US 89 A | Tel. 928 2 82 07 85 | €–€€*

ÜBERNACHTEN

ENCHANTMENT RESORT
Elegant-sportive Ferienanlage im Adobe-
Stil, traumhaft gelegen. *236 Zi. | 525
Boynton Canyon Rd. | Tel. 928 2 82 29 00 |
www.enchantmentresort.com | €€€*

KING'S RANSOM SEDONA ❖
Individuell gestaltetes Hotel mit gu-
tem Komfort, teils im Adobe-Stil und
mit einem schönen Blick. *101 Zi. | 771
Hwy. 179 | Tel. 928 2 82 31 32 | www.
kingsransomsedona.com | €€*

AUSKUNFT

SEDONA CHAMBER OF COMMERCE
Info auch über Golfplätze, Ballonfahrten
und Jeeptouren. *Informationsbüro Ecke
Hwy. 89 A/Forest Rd. | Tel. 928 2 82 77 22 |
www.visitsedona.com*

ZIELE IN DER UMGEBUNG

JEROME ❖ (137 D3) (⬚ E6)
Jerome ist ein malerisches, an den Hang
geducktes Städtchen, 40 km westlich
von Sedona, mit viel Wildwestflair und
herrlichem Panoramablick ins weite
Verde Valley. 1953 machte die letzte Kup-
fermine dicht, und die einst fünftgrößte
Stadt Arizonas hatte plötzlich nur noch
50 Bewohner. Heute sind es wieder gut
300 – darunter viele Künstler und Gale-
risten. Sehenswert: das *Gold King Mine
Museum,* das Museum des *Jerome State
Historic Park* in der alten Villa eines Berg-
werksbesitzers – und natürlich die rauen
Saloons des Westerndorfs, wie etwa der
Spirit Room.

OAK CREEK CANYON (137 D3) (⬚ E6)
Der Highway 89 A führt durch das malerische Flusstal des *Oak Creek* nordwärts
nach Flagstaff. Ein lohnender Stopp ist
der **INSIDER TIPP** ▶ *Slide Rock State Park,*

Den roten Felsen bei Sedona werden
energetische Kräfte zugesprochen

Wildwestflair mit Postkutsche und Saloon: willkommen in Tombstone

ehedem eine Apfelfarm. Heute gibt es hier schöne Wanderwege, die vorbei an einigen der historischen Plantagen zu einer natürlichen Wasserrutsche und kleinem Badepool im Felsen führen.

TOMBSTONE

(137 E6) *(ⓜ F8)* **Eine staubige Main Street, windschiefe Veranden an alten Holzhäusern, Sheriffs im Saloon und rote Postkutschen: So war er einmal, der Wilde Westen, und so ist Tombstone (engl. Grabstein) noch heute.**

Nachgestellt für Touristen zwar, aber doch mehr als bloß ein Freilichtmuseum. Immerhin wurden hier um 1880 Gold und Silber im Millionenwert zutage gefördert. Damals hatte Tombstone 15 000 Bewohner – heute sind es 1500. Die berühmte Schießerei zwischen Sheriff Wyatt Earp, Doc Holliday und der Clanton-Gang am *O. K. Corral* von 1881 findet hier jeden Tag erneut um 14 Uhr statt. Die einstigen Bösewichte feierten

im – original erhaltenen – *Bird Cage Theatre* an der 6th Street und endeten auf dem *Boothill Cemetery*.

Im *Big Nose Kate's Saloon (417 E Allen St. | Tel. 520 4 57 31 07 | €)* tischen Serviermädchen mit Korsetts und Strumpfbändern bei Cowboymusik eiskaltes Bier und passables Essen auf. Zum Übernachten empfiehlt sich die komfortable, sehr stimmungsvoll angelegte **INSIDER TIPP** *Apache Spirit Ranch (17 Zi. | W Schieffelin Monument Rd. | Tel. 520 4 57 72 99 | www.apachespiritranch.com | €€)* im Stil eines Wildweststädtchens. Zimmer mit unterschiedlichen Motiven wie *Sheriff's Office* oder Gefängnis. Mit Restaurant und Ausreitangebot.

TUCSON

KARTE AUF SEITE 59

(137 D–E5) *(ⓜ E8)* **Tucson hat nichts mehr mit dem alten, aus vielen Western bekannten Klischee einer Revolverstadt gemein: Rund 1 Mio.**

Menschen leben heute – gut klima-anlagengekühlt – in dem weiten, von Kakteenhügeln umrahmten Wüstental Südarizonas.

Eine große Universität, Computer- und Luftfahrtindustrie stellen Arbeitsplätze, und mehrere Golfplätze sowie fabelhafte Resorthotels in den Hügeln des Stadtrands locken Touristen an.

In erster Linie hat das gesunde, trockene Klima der Sonora-Wüste – an 350 Tagen scheint die Sonne – der Stadt seit dem Zweiten Weltkrieg zu solch ungeahntem Wachstum verholfen: Im Winter ist es angenehm mild, im Sommer wird es zwar extrem heiß, doch auch dann lässt es sich am Pool gut den Tag verträumen.

Dabei sollten Sie aber einige Exkursionen nicht versäumen: in den restaurierten Altstadtkern *El Presidio Historic District* mit dem benachbarten, überkuppelten *Gerichtshof*, ins bunte Studentenviertel

um die *4th Ave.* und in die Kakteenwälder ringsum.

SEHENSWERTES

ARIZONA-SONORA DESERT MUSEUM ★ ☺

Die Wüste lebt: Das ist nirgendwo besser zu sehen als in diesem gut angelegten Freilichtmuseum, in dem über 1300 Pflanzenarten der amerikanischen Wüsten und 300 Tiere – von Pumas über Präriehunde bis zu Kolibiris – hautnah in artgerecht und schön gestalteten Gehegen zu erleben sind. *Tgl. 7.30–17, im Winter ab 8.30 Uhr | Eintritt 19,50 $ | im Tucson Mountain Park | www.desertmuseum.org*

ARIZONA STATE MUSEUM

Das Museum besitzt eine hervorragende ethnologische Sammlung zu den Indianerkulturen des Südwestens. *Mo–Sa 10–17 Uhr | Eintritt 5 $ |*

Strahlende Pracht, jüngst renoviert:
Mission San Xavier del Bac

*1213 E University Blvd. | www.state
museum.arizona.edu*

MISSION SAN XAVIER DEL BAC ⭐

Im Land der Tohono-O'odham-Indianer
gründete Pater Eusebio Kino um 1700
die erste spanische Missionsstation. Die
heutige Kirche aus dem Jahr 1797 besitzt
einen herrlichen Altaraufsatz und Wand-
malereien. *Tgl. 7–17 Uhr | Eintritt frei |
15 km südlich an der San Xavier Rd.*

OLD TUCSON STUDIOS

In der berühmten Kulissenstadt, in der
Dutzende von Western gedreht wurden,
sind täglich Stuntshows zu sehen. *Im
Sommer tgl. 10–17 Uhr, im Frühjahr und
Herbst nur Fr–So | Eintritt 17 $ | Tucson
Mountain Park | www.oldtucson.com*

PIMA AIR AND SPACE MUSEUM

Über 200 alte Flugzeuge dösen hier in
der trockenen Wüstenluft. Ringsum ein
Flugzeugfriedhof mit Tausenden von al-
ten Bombern (Bustouren). *Tgl. 9–17 Uhr |
Eintritt 15,50 $ | 6000 E Valencia Rd. |
www.pimaair.org*

SAGUARO NAT. PARK

Der in den Hügeln westlich und östlich
von Tucson liegende, zweigeteilte Park
schützt einen Wald uralter, bis 15 m hoher Saguarokakteen (Blütezeit Mai). An
den *Visitor Centers* beginnen Lehrpfade
und Straßen durch die ursprüngliche
Wüstenlandschaft. *Tgl. 9–17 Uhr*

ESSEN & TRINKEN

EL CHARRO CAFÉ

Das älteste mexikanische Lokal Arizonas
serviert die besten *tamales*. Herrlich
urig ist die Bar. *311 N Court Ave. | Tel. 520
6 22 19 22 | €€*

INSIDER TIPP LI'L ABNER'S STEAKHOUSE

Deftig und wildwestmäßig geht es in
dieser alten Postkutschenstation zu.
Spezialität sind natürlich Steaks vom of-
fenen Grill. *8501 N Silverbell Rd. | Tel. 520
7 44 28 00 | €€*

AM ABEND

Angesagt ist hier natürlich Countrymusik,
z. B. im *Hideout Bar & Grill (3000 S Mission Rd.)* oder in INSIDER TIPP *The Maverick
(6622 E Tanque Verde Rd. | www.tucson-
maverick.com)*, wo Sie auch Country-
Dancing lernen können *(Mi 18.30 und Fr
19 Uhr)*. Jazz und Blues gibt's in der *Chi-*

cago Bar (5954 E Speedway Blvd.), und Studenten bechern im Club Congress (311 E Congress St.).

ÜBERNACHTEN

LA POSADA DEL VALLE

Stilvolles B & B in einem historischen Adobe-Haus mit Garten. 7 Zi. | 1640 N Campbell Ave. | Tel. 520 8 85 08 83 | €€

OMNI TUCSON NATIONAL

Golfurlaub in der Wüste: eine Anlage mit großen, eleganten casitas und drei 9-Loch-Plätzen. 167 Zi. | 2727 W Club Dr. | Tel. 520 2 97 22 71 | www.tucsonnational.com | €€€

WESTWARD LOOK RESORT ☼

Weitläufige Ferienanlage mit herrlichem Blick über die Wüste. Tennis, drei Pools, gutes Restaurant. 241 Zi. | 245 W Ina Rd. | Tel. 520 2 97 11 51 | www.westwardlook.com | €€–€€€

AUSKUNFT

TUCSON CONVENTION & VISITORS BUREAU

100 S Church Ave. | Tel. 520 6 24 18 17 | www.visittucson.org

ZIEL IN DER UMGEBUNG

INSIDER TIPP KARTCHNER CAVERNS STATE PARK ● (137 E6) (ᗰ F8)

Die erst vor einigen Jahren für Besucher geöffnete Höhle birgt seltene und spektakuläre Tropfsteinformationen wie etwa strohhalmförmige Stalagmiten. Zudem ist sie mit fast 100 Prozent Luftfeuchtigkeit (mitten in der Wüste!) eine heute noch aktiv wachsende Tropfsteinhöhle. Nur mit Führung zugänglich; Reservierung: Tel. 520 5 86 22 83 | azstateparks.com/parks/kaca

ORGAN PIPE CACTUS NAT. MONUMENT (136 C5–6) (ᗰ D8)

Fernab jeder Zivilisation, rund drei Stunden Fahrt westlich von Tucson auf dem Highway 86, wurde an der Südgrenze Arizonas eine der wildesten Wüstenregionen unter Schutz gestellt. Zwei ☼ Panoramastraßen und Wanderpfade erschließen den Park. Besonders empfehlenswert ist ein Besuch zwischen April und Mai, wenn die über 30 verschiedenen Kakteenarten blühen. Visitor Center nahe dem Südeingang

LOW BUDG€T

▶ Kaufen Sie sich vor der Fahrt in die Wüste in einem Supermarkt für ein paar Dollar eine kleine Kühlbox. Das Eis dazu gibt es für 2 $ im Supermarkt oder an der nächsten Tankstelle – und schon sind Ihre Getränke für unterwegs immer gut gekühlt.

▶ Gerade mal 22–24 $ kostet die Nacht in einem Vierbettzimmer des Grand Canyon International Hostel. Es liegt zwar nicht am Canyon, sondern in Flagstaff, aber das Hostel bietet mehrmals pro Woche Touren zur berühmten Schlucht an. 16 Zi. | 19 ½ South San Francisco St. | Flagstaff | Tel. 928 7 79 94 21 | www.grandcanyonhostel.com

▶ Die preisgünstigsten Mahlzeiten im Südwesten servieren die Mexikaner: Tacos, enchiladas und burritos sind auf der Straße schon für weniger als 5 $ zu haben. Als volle Mahlzeit kosten sie 10–15 $, z. B. im Mi Nidito in Tucson (1813 S 4th Ave. | Tel. 520 6 22 50 81).

UTAH

Mehr noch als der berühmte Grand-Canyon-Staat Arizona ist Utah ein Land der Naturwunder. Nördlich des Canyons erstreckt sich der Hauptteil des Colorado Plateaus, in dessen vor 200–300 Mio. Jahren entstandene Sand- und Kalksteinformationen Flüsse, Wind und Wetter dramatische Schluchten, Steilwände und Felsskulpturen geschnitten haben.
Allein fünf Nationalparks liegen in Südutah, dazu viele *national monuments, state parks* und andere Schutzgebiete. Kaum sonst auf der Erde drängen sich so viele Naturwunder auf so engem Raum. Im Norden des ca. 220 000 km² großen Staats dehnt sich zu Füßen der Wasatch-Mountains-Bergkette der Great Salt Lake aus, ein Überbleibsel der letzten Eiszeit. Im Wasatch-Gebirge selbst warten grüne

Täler und Bergpfade auf die Wanderer – im Winter wird die Region zum Paradies für Skifahrer und Boarder.
Trotz supermoderner Liftanlagen, guter Highways und aufstrebender Hightechindustrie in Städten wie Salt Lake City oder Provo ist Utah bis heute jedoch dünn besiedeltes Pionierland: Auf einer Staatsfläche fast dreimal so groß wie Österreich leben nur gut 2,8 Mio. Menschen – mehr als die Hälfte davon im Großraum von Salt Lake City. Wenig besiedelt war das Land schon immer. Bereits die Ute-Indianer, nach denen der Staat benannt ist, zogen nur in kleinen Familienclans als Sammler und Jäger durch die Region. Trapper und frühe Siedler mieden die regenarmen und unwirtlichen Felslandschaften.

Bild: Im Bryce Canyon National Park

Dramatische Felsbögen und feuerrote Canyons: Im Mormonenstaat zeigt sich die Natur Amerikas von ihrer schönsten Seite

Erst die Mormonen, die nach einem historischen Treck 1847 in der Wüste am Great Salt Lake ihren Gottesstaat ausriefen, konnten durch Bewässerungsanlagen die ersten dauerhaften Siedlungen anlegen. Bis heute sind die Mehrzahl der Einwohner Utahs Nachfahren dieser Pioniere – und Lebensweise wie auch Politik werden nach wie vor von den Prinzipien der gottesfürchtigen Mormonen geprägt. Alkohol etwa wird nur in staatlichen Läden verkauft, und in einfachen Saloons gibt es nur Bier.

BLUFF/ BLANDING

(133 E6) *(🗺 F4)* **Die beiden alten Pionierstädtchen im äußersten Südosten Utahs sind ein guter Ausgangspunkt für Touren ins Umland.**

Dort warten Canyons wie im *Natural Bridges Nat. Monument* und indianische Ruinen wie im *Edge of the Cedars State Park* (Museum) darauf, entdeckt

Felsformationen, die wie Kathedralen in der Landschaft stehen: Capitol Reef National Park

zu werden. Auch die Seitencanyons des *Lake Powell* sind von hier zu erreichen. In der weiteren Umgebung dürfen Sie eine Rundfahrt durch das  **INSIDER TIPP** *Valley of the Gods* mit seinen dramatischen Felstürmen und zu den Schluchten im *Goosenecks of the San Juan State Reserve* nicht verpassen. Ein modernes, sehr gepflegtes Motel im Blockhausstil am Ortsrand von Bluff ist das *Desert Rose Inn (35 Zi. | 701 W Main St. | Tel. 435 6 72 23 03 | €€).*
Auskunft: *San Juan County Visitor Services | 117 S Main St. | Monticello | Tel. 800 5 74 43 86 | www.utahscanyoncountry.com*

BRYCE CANYON NAT. PARK

(132–133 C–D5–6) (*E4*) ⭐ **Neben dem Grand Canyon ist dieser nur 146 km² große Nationalpark wohl der schönste und beliebteste im Südwes-**

ten: eine märchenhafte Welt aus roten und weißen Felssäulen, zerklüfteten Steilhängen, steinernen Burgen und Schlössern.

Regen und Winterfrost haben über Jahrmillionen die bizarren Felsskulpturen aus dem weichen, von Eisen- und Manganspuren bunt gefärbten Sandgestein am Steilabbruch des *Paunsaugunt Plateau* modelliert. Benannt wurde das 1928 gegründete Schutzgebiet nach dem mormonischen Siedler Ebenezer Bryce. Vor ihm nannten die Paiute-Indianer dieses Tal *Unka-timpewa-wince-pock-ich*, was so viel bedeutet wie „rote Felsen wie stehende Männer in einem Tal" – ein recht treffender Vergleich.

SEHENSWERTES

AUSSICHTSPUNKTE

Vom *Visitor Center* folgt eine ca. 30 km lange Panoramastraße (Busshuttle) dem Rand des Canyons nach Süden, kurze Stichstraßen erschließen Ihnen die schönsten Aussichtspunkte: *Fairyland Point*, *Bryce Point*, *Sunrise* und ☀ *Sunset Point* sowie ☀ *Rainbow Point* ganz im Süden des Parks. Und nehmen Sie eine Jacke mit, es kann kühl werden beim Besuch des Canyons, denn der Rand liegt 2400 bis 2700 m hoch.

FREIZEIT & SPORT

Spektakulär und sehr beliebt für Tageswanderungen sind die Trails im *Bryce Amphitheater,* ruhigere Pfade finden Sie im Südteil des Parks. 2- bis 4-stündige Ausritte in das Felsenlabyrinth sowie auch Ausritte im *Zion Nat. Park* organisiert *Bryce-Zion Trail Rides (Büro in der Bryce Canyon Lodge | Tel. 435 6 79 86 65 | www.canyonrides.com).*

ÜBERNACHTEN

Die Unterkünfte am Parkeingang sind im Sommerhalbjahr meist chronisch überbucht. Alternativ finden Sie gute Motels und B-&-B-Inns in umliegenden Orten wie *Tropic* und dem mormonischen Westernort *Panguitch.*

LODGE AT BRYCE CANYON

Historisches Hotel von 1923 mit Blockhütten im Park nahe dem Canyonrand. Mit Restaurant. *Frühzeitige Reservierung unter Tel. 435 8 34 87 00 | www.brycecan yonforever.com | €€*

MARIANNA INN MOTEL

Gepflegtes kleines Motel eine halbe Fahrstunde vom Park entfernt. *24 Zi. | 699 N Main St. | Panguitch | Tel. 435 6 76 88 44 | www.mariannainn.com | €–€€*

AUSKUNFT

BRYCE CANYON NAT. PARK
Tel. 435 8 34 53 22 | www.nps.gov/brca

CAPITOL REEF NAT. PARK

(133 D–E5) *(ᗰ E–F4)* **Nur eine einzige Teerstraße führt durch diesen knapp 1000 km² großen Park, der die gut**

⭐ **Bryce Canyon National Park**
Eine von der Natur geschaffene Wunderwelt aus filigranen Sandsteinsäulen → S. 64

⭐ **Boulder Mountain Lodge**
Ökotourismus mitten im Canyonland und dennoch nah an Boulder – schön für Touren, Wanderungen und Ausritte → S. 66

⭐ **Delicate Arch**
Das Postkartenmotiv schlechthin: ein frei stehender Felsbogen im Arches National Park → S. 68

⭐ **Dead Horse Point State Park**
Der schönste Blick über die Canyons – tief unter Ihnen schlängelt sich der Colorado durch die Felswände → S. 69

⭐ **Temple Square**
Nabel der religiösen Welt der Mormonen samt monumentaler Kirche im neogotischen Stil → S. 71

⭐ **Zion Narrows**
Eine Wanderung mitten durch die Schlucht des Virgin River → S. 75

MARCO POLO HIGHLIGHTS

CAPITOL REEF NAT. PARK

160 km lange Waterpocket Fold umschließt. Sand- und Kalkstein wurden von der Erosion zu phantastischen Canyons und bizarren Felspalästen modelliert.

Ein 40 km langer  *Scenic Drive* führt vom *Visitor Center* (schöner Campingplatz) in die enge Schlucht der *Capitol Gorge.* Die übrigen, nicht weniger spektakulären Teile des Parks wie etwa das **INSIDER TIPP** *Cathedral Valley* sind nur mit Allradantrieb zugänglich. Veranstalter für Tagestouren ins Hinterland finden Sie in *Torrey* am Westrand des Parks.

ESSEN & TRINKEN

INSIDER TIPP **CAFE DIABLO**
Kreative Southwestküche, dazu eine schöne Terrasse und Ökoanspruch dank vieler Zutaten von nahe gelegenen Biogärtnern. Täglich Lunch und Dinner von Mitte April bis Oktober. *599 W Main St. | Torrey | Tel. 435 4 25 30 70 | €€*

CAPITOL REEF INN & CAFÉ
Kleines Motel mit Buchladen und einem Café, das feine Landkost serviert. *10 Zi. | 360 W Main St. | Torrey | Tel. 435 4 25 32 71 | www.capitolreefinn.com | €*

ÜBERNACHTEN

BEST WESTERN CAPITOL REEF RESORT
Ein modernes Motel am Westrand des Parks mit Restaurant. *97 Zi. | Torrey Hwy. 24 | Tel. 435 4 25 37 61 | www.bestwestern.com | €–€€*

ZIELE IN DER UMGEBUNG

BOULDER (133 D5) (*m E4*)
Das winzige Ranchernest am Hwy. 12 ist umgeben von grandiosen, noch fast völlig unerschlossenen Canyonlandschaften – ideale Reviere für Wildniswanderungen, Jeep- und Pferdetouren. Der *Burr Trail,* eine alte Pionierroute, zum Teil geteert, zum Teil als Piste, führt von hier direkt in den benachbarten *Capitol Reef Nat. Park.* 1996 wurde die Region zwischen Boulder und Escalante im *Grand Staircase-Escalante Nat. Monument* unter Naturschutz gestellt. Ideal als Ausgangspunkt für Touren mit dem Allradwagen, für Wanderungen und Ausritte ist die ★ *Boulder Mountain Lodge (am Hwy. 12 | Tel. 435 3 35 74 60 | www.boulder-utah.com | €€),* eine moderne, ganz im Geist des Ökotourismus angelegte Lodge mit nur 22 Zimmern und einem guten Restaurant, dem ökologisch orientierten *Hell's Backbone Grill.*

GOBLIN VALLEY (133 E4) (*m F3*)
Nordöstlich von Hanksville am Highway 24 liegt eines der kleinen Schatzkästlein des Canyonlands: ein Tal mit Aberhunderten von Felsskulpturen, die wie zipfelbemützte Zwerge und Fabeltiere aussehen (schöner Campingplatz).

MOAB

(133 E4) *(M F3)* **Das einst friedliche Mormonenstädtchen (5000 Ew.) liegt auf einer breiten Uferterrasse am Oberlauf des Colorado River.**

In den letzten Jahren hat sich der Ort zu einem Treff der jungen Aktivszene und der Naturliebhaber entwickelt. Rings um den Ort liegen nämlich einige der wildesten und schönsten Felslandschaften und Nationalparks des Südwestens, darunter die berühmten Parks *Arches*, *Canyonlands* und der kleinere *Dead Horse Point*.

ESSEN & TRINKEN

INSIDER TIPP **SORREL RIVER GRILL**
Fast 30 km östlich an der SR 128 gelegen, aber es ist die Anfahrt wert: Hier gibt es Steaks, Bisonrippchen und dazu einen schönen Blick über den Fluss. *Tel. 435 2 59 46 42 | www.sorrelriver.com | €€€*

ZAX RESTAURANT & WATERING HOLE
Beliebte Pizzeria mit Terrasse und Pool-Halle. *96 S Main | Tel. 435 2 59 65 55 | €€–€€€*

FREIZEIT & SPORT

Zahlreiche Vermieter und Veranstalter im Ort bieten Wandertouren, Jeepsafaris und Schlauchbootfahrten an. Ganz besonders beliebt ist Moab bei den Mountainbikern, denn die griffigen Sandsteinfelsen der Region eignen sich perfekt für Geländetouren. Selbst zu erleben am *Slick Rock Trail* oberhalb des Orts, wo sich die Bikerelite der Welt zu Wettbewerben trifft. Rafting- und Allradwagentouren um Moab veranstalten *Sheri Griffith Expeditions (Tel. 800 3 32 24 39 | www.griffithexp.com)* und *Adrift Adventures (378 N Main St. | Tel. 435 2 59 85 94 | www.adrift.net)*.

Das Felsenland aus der Luft erleben können Sie bei einer morgendlichen Ballonfahrt mit *Canyonlands Ballooning*

Schicht für Schicht ein anderes Gestein: erodierte Felsformationen des Grand Staircase bei Boulder

(Tel. 435 6 55 13 89 | www.canyonlands-ballooning.com). Geführte Tagestouren zum abenteuerlichen Canyoneering in entlegenen Schluchten organisiert *Desert Highlights (50 E Center | Tel. 435 2 59 44 33 | www.deserthighlights.com).*

ÜBERNACHTEN

BEST WESTERN CANYONLANDS INN

Ein angenehmes, sehr zentral gelegenes Kettenmotel. Nehmen Sie ein ruhiges Zimmer nach hinten. *80 Zi. | 16 S Main St. | Tel. 435 2 59 23 00 | www.canyonlandsinn.com |* €€

LOW BUDGET

▶ Vor allem bei einer Tour durch den Süden Utahs lohnt sich der *America The Beautiful – National Parks Pass.* Diese Jahreskarte kostet 80 $ und gilt für bis zu 4 Personen (Kinder unter 16 gratis) für alle Nationalparks der USA, viele *national monuments, historic parks* und *federal recreation areas.* Details unter: *www.nps.gov.*

▶ Junge Skifahrer finden auch in den feinen Skiorten Utahs günstige Hostels. Schlafsaalpreise liegen bei 30–40 $ pro Nacht, Doppelzimmer bei gut 100 $. So im *Chateau Apres (1299 Norfolk Ave., Park City | Tel. 435 6 49 93 72 | www.chateauapres.com).*

▶ *Brew pubs* liegen im Südwesten voll im Trend und sind recht günstig. Hier trifft man sich beim frisch gezapften Bier, bei Nachos, Pizza und Burger. Sogar im gottesfürchtigen Utah, etwa in der *Moab Brewery (686 Main St. | Tel. 435 2 59 63 33).*

CASTLE VALLEY INN

Schöner *country inn,* umrahmt von roten Felsen. *8 Zi. | Hwy. 128 östlich von Moab | 424 Amber Lane | Tel. 435 2 59 60 12 | www.castlevalleyinn.com |* €€–€€€

COMFORT SUITES

Modernes Motel mit Hallenbad. Alle 75 Zimmer sind Suiten. *800 S Main St. | Tel. 435 2 59 52 52 | www.moab-utah.com/comfortsuites |* €€

RED CLIFFS LODGE

Rustikales Resort für Aktivurlaub etwas östlich der Stadt am Ufer des Colorado; Rafting, Radverleih, Wandern, Ausritte, Pool. *Hwy. 128, Mile Post 14 | Tel. 435 2 59 20 02 | www.redcliffslodge.com |* €€–€€€

AUSKUNFT

MOAB INFORMATION CENTER

25 Center St./Main St. | Tel. 800 6 35 66 22 | www.discovermoab.com

ZIELE IN DER UMGEBUNG

ARCHES NAT. PARK (133 E4) (*∅ F3*)

10 km nördlich von Moab beginnt dieses spektakuläre Hochplateau über dem Colorado River, in dessen flammendroten, rund 150 Mio. Jahre alten Sandstein der Wind Hunderte von Felsbögen geschliffen hat. Eine unterirdische Salzschicht, die sich unter hohem Druck wie zäher Brei verformte, ist für dieses Naturwunder verantwortlich. Vom *Visitor Center* führt eine 30 km lange Straße zu den Bögen der *Windows Section* und weiter zum *Devils Garden* (schöner Campingplatz), wo ein Trail zu einigen der größten Bögen im Park beginnt. Nicht verpassen: eine Wanderung zum fotogenen ⭐ *Delicate Arch,* einem frei stehenden Steinbogen – am besten am späten Nachmittag.

Dead Horse Point State Park: ein Blick in die Erdgeschichte mit dem sich windenden Colorado

CANYONLANDS NAT. PARK

(133 E5) *(∅ F3–4)*

Die Wildnis dieses 1365 km² großen Schutzgebiets südwestlich von Moab birgt ein Schluchtenlabyrinth der Extraklasse. Den schönsten Blick über die Felsen haben Sie von den Aussichtspunkten des ☀ *Island in the Sky* hoch über dem Zusammenfluss von Green River und Colorado River (erreichbar über Hwy. 313). Mehrere Hundert Kilometer Allradpisten wie etwa der *White Rim Trail* führen in die Tiefen der Canyons. Ebenfalls sehenswert: der *Needles District* südlich von Moab mit Felszeichnungen am *Newspaper Rock* und weitere Allradwagenstrecken.

DEAD HORSE POINT
STATE PARK ★ ● ☀ (133 E6) *(∅ F3)*

Von einer schmalen Felsnase am Ende der SR 313, rund 50 km nordwestlich von Moab, schweift der Blick weit über senkrechte Canyonwände, einsame Plateaus und die Mäander des 600 m tiefer liegenden Colorado-Flusses *(Visitor Center, Camping- und Picknickplatz).*

MONUMENT VALLEY (133 E6) *(∅ F4)*

Das filmberühmte Tal der roten Monolithen liegt zwar an Utahs Südgrenze rund 200 km von Moab, wird aber meist von *Kayenta* in Arizona aus bereist (s. Seite 52).

OGDEN

(133 D2) *(∅ E1)* **Die Eisenbahn prägt die größte Stadt Nordutahs (84 000 Ew.) wie kaum einen anderen Ort: Der riesige Verschiebebahnhof ist seit gut 100 Jahren einer der wichtigsten Bahnknoten des Westens.**

Die Westernfassaden im alten Saloonbezirk der *25th St.,* heute eine beliebte Shoppingstraße, zeugen noch von den Gründertagen.

Das Tal von Ogden ist inzwischen eine maßgebliche Obstbauregion des Staats. Entlang des Hyw. 89 nördlich der Stadt können Sie an vielen Straßenständen die Produkte der Region kosten.

SEHENSWERTES

UNION STATION MUSEUM

Im alten Bahnhof dokumentiert ein großes Modell den Bau der *Union Pacific Railway.* Außerdem sind hier Oldtimer, alte Gewehre und weitere Westernrelikte ausgestellt. *Mo–Sa 10–17, im Sommer bis 18 Uhr | Eintritt 5 $ | 25th St./Wall Ave. | www.theunionstation.org*

ZIEL IN DER UMGEBUNG

GOLDEN SPIKE NAT. HISTORIC SITE

(132 C1–2) (*ɰ E1*)

In der Wüste des Great Salt Lake, etwa eine Fahrstunde nordwestlich von Ogden, wurde 1869 am *Promontory Point* die transkontinentale Bahnlinie fertig gestellt. Der letzte Nagel war aus Gold. Danach konnte die Besiedlung des Westens ernsthaft beginnen (Dokumentation im *Visitor Center*). An Wochenenden im Sommer und zum *Railroader's Festival* Mitte August wird das Ereignis mit Dampfloks nachgestellt.

SALT LAKE CITY

KARTE IM HINTEREN UMSCHLAG

(133 D2) (*ɰ E2*) **Die weitläufige Hauptstadt Utahs (1,2 Mio. Ew. im Großraum) liegt am Ostrand des Great Salt**

CITY **WOHIN ZUERST?**
Hier dreht sich alles um den **Temple Square** im Stadtkern an der Ecke South Temple/Main Street: Nach einer Führung durch das Kirchengelände können Sie im ganz weltlichen, neuen City Creek Center lunchen und shoppen – und nachmittags einen Ausflug zur University von Utah und dem hervorragenden neuen Natural History Museum unternehmen.
Mehrere Parkhäuser im City Creek Center an der South Temple Street, weitere Parkplätze auf der Nordwestseite des Temple Square.

Lake vor der Kulisse der 3500 m hoch aufragenden *Wasatch Mountains.*

Trotz vielfältiger moderner Industrie – Elektronik, Textilverarbeitung und Energiewirtschaft – ist Salt Lake City vor allem als religiöses Zentrum der „Kirche Jesu Christi der Heiligen der Letzten Tage" der Mormonen bekannt. Sie gründeten die Stadt 1847 nach einem langen Treck aus dem Osten, um hier ihren Gottesstaat zu verwirklichen.

Heute leben in Salt Lake City auch viele Nichtmormonen, doch die (beinahe) allmächtige Kirche und überkommene Traditionen bestimmen noch vielfach die Stadtpolitik. Die strikte Sonntagsruhe oder die blitzsauber gefegten Straßen der Innenstadt zeugen davon.

SEHENSWERTES

LDS CHURCH OFFICE BUILDING

Aussichtsplattform im 26. Stock der Kirchenverwaltung mit tollem Blick über die Stadt bis zu den Wasatch Mountains. *Mo–Fr 9–16.30 Uhr, im Sommer bis 17 Uhr | Eintritt frei | 50 E North Temple St.*

UTAH

MUSEUM OF CHURCH HISTORY AND ART

Sehenswert sind neben der etwas kitschigen Kirchenkunst vor allem die Ausstellungen über mormonische Religion. Große Dioramen zur Pioniergeschichte und der Westwanderung. *Mo–Fr 9–21, Sa/So 10–17 Uhr | Eintritt frei | 45 N West Temple St.*

NATURAL HISTORY MUSEUM

Neueste Umwelttechnologie und spektakuläre Architektur prägen den 2011 eröffneten Bau. Drinnen warten Dinosaurier und Ausstellungen über die Indianer Utahs, draußen auf der ☼ Terrasse ein großartiger Blick über die City. *Tgl. 10–17 Uhr | Eintritt 11 $ | 301 Wakara Way | nhmu.utah.edu*

TEMPLE SQUARE

Fast alle Attraktionen von Salt Lake City liegen um diesen Platz. Der sechstürmige, 1853–93 erbaute *Salt Lake Temple* ist das bedeutendste Gebäude der Mormonen und für Andersgläubige geschlossen. Besichtigen können Sie jedoch die *Tabernacle*-Konzerthalle *(Orgelkonzerte Mo–Sa 12, So 14 Uhr; Chorkonzerte Do 19.30 und So 9.15 Uhr hier oder Juli/Aug. im Conference Center gegenüber)* mit einer der größten Orgeln der Welt.

Zugänglich sind zudem das *Beehive House (Mo–Sa 9.30–20.30 Uhr | Eintritt frei)*, in dem der legendären Mormonenführer Brigham Young lebte, und das prächtig restaurierte ● ☼ *Joseph Smith Memorial Building (kostenlose Führungen auch auf Deutsch tgl. 9–21 Uhr)*.

Salt Lake Temple: Hinein dürfen in die neogotische Kirche nur Mormonen

THIS IS THE PLACE HERITAGE PARK

Das Museumsdorf *Heritage Village,* ein großes Denkmal und Ausstellungen veranschaulichen den Zug der Pioniere nach Westen. *Im Sommer tgl. 9–17, So ab 10 Uhr | Eintritt 11 $*

UTAH STATE CAPITOL

Das kuppelgekrönte Parlament des Staats wurde 1916 auf einem Hügel über der Innenstadt erbaut und ist eines der schönsten Amerikas.

ESSEN & TRINKEN

LAMB'S GRILL

Utahs ältestes Restaurant von 1919 serviert Ihnen deftige mormonische Kost. *169 S Main St. | Tel. 801 3 64 71 66 | €–€€*

LEGENDS BAR & GRILL

Typische amerikanische Sportsbar. Gute Stimmung und gute Steaks. *677 South 200 West | Tel. 801 3 55 35 98 | €–€€*

RED IGUANA

Spartanisch möbliert, aber mit hervorragender mexikanischer Küche. *736 W North Temple St. | Tel. 801 3 22 14 89 | €*

EINKAUFEN

CITY CREEK CENTER

Direkt gegenüber dem Temple Square eröffnete 2012 ein neues Flanier- und Shoppingcenter, das über zwei Straßenzüge Läden, Lokale, Grünanlagen und Apartments zu einem Komplex integriert.

INSIDER TIPP TROLLEY SQUARE

Großes, hübsch gestaltetes Einkaufszentrum in den Hallen der ehemaligen Straßenbahnbetriebe. Dank etlicher Restaurants und Kinos ist das stimmungsvolle Bahndepot auch abends beliebt zum Bummeln. *600 South 700 East*

AM ABEND

Sehr beliebt sind die Minibrauereien der Stadt, etwa die *Red Rock Brewing Company (254 South 200 West)* oder die *Squatters Pub Brewery (147 W Broadway).* Livemusik und große Tourkonzerte bietet *The Depot (400 W South Temple | Tel. 801 3 55 55 22 | www.depotslc.com).*

ÜBERNACHTEN

HOTEL MONACO

Elegant renoviertes, älteres Hotel im Zentrum. Gutes Restaurant. *225 Zi. | 15 West 200 South | Tel. 801 5 95 00 00 | www.monaco-saltlakecity.com | €€€*

PEERY HOTEL

Ein prächtiges historisches Hotel mit Charme und gutem Italo-Restaurant im Haus. *73 Zi. | 110 W Broadway | Tel. 801 5214300 | www.peeryhotel.com | €€*

WILDFLOWERS B & B

B & B in einem hübschen viktorianischen Haus, nah zu den Bergen im Südosten der Stadt. *5 Zi. | 936 East 1700 South | Tel. 801 4 66 06 00 | www.wildflowersbb.com | €–€€*

AUSKUNFT

SALT LAKE INFORMATION CENTER

90 S West Temple St. | Tel. 801 5 34 49 00 | www.visitsaltlake.com

ZIELE IN DER UMGEBUNG

BINGHAM CANYON (133 D2–3) *(ØØ E2)*

Knapp 40 km südwestlich der Stadt liegt in den *Oquirrh Mountains* eine der größten Tagebaugruben der Welt: Mehr als 1 km tief haben sich die *miners* schon in den Berg gegraben und gewinnen jedes Jahr rund 20 000 t Kupfer. *April–Okt. tgl.*

8–19 Uhr | Eintritt je Fahrzeug 5 $ | Aussichtsplattform und Visitor Center

GREAT SALT LAKE
(132–133 C–D1–2) (E1–2)

Der größte See im Westen Amerikas ist eigentlich ein Binnenmeer: Sein Salz-

dient, die wesentlich weniger Wasser als Rinder benötigen.

Die Salzwüste westlich des Sees ist seit Langem ein Pilgerziel für Autofans: Auf dem *Bonneville Race Track* an der I-80 werden mit Raketenautos immer neue Geschwindigkeitsrekorde aufgestellt.

Der Amerikanische Bison war fast ausgestorben – heute leben auf Antelope Island rund 700 Tiere

gehalt beträgt bis zu 27 Prozent, er ist rund sechsmal höher als der der Ozeane. Nur das Tote Meer ist noch salziger. Trotz seiner gewaltigen Ausdehnung – 150 km lang und bis zu 70 km breit – ist der Great Salt Lake nur maximal 8 m tief. Salzgehalt und Wasserstand werden in dem abflusslosen See nur durch die Verdunstung reguliert.

Den günstigsten Zugang zum Wasser – in dem Sie wegen des hohen Salzgehalts fast nicht untergehen können – bieten die **INSIDER TIPP** Strände auf *Antelope Island*, das über einen Damm zu erreichen ist und auch als Schutzgebiet für Bisons

PARK CITY (133 D2) (E2)

Das hübsch restaurierte alte Silberstädtchen (7000 Ew.) eine knappe Fahrstunde östlich von Salt Lake City ist zusammen mit den angrenzenden Skigebieten *Deer Valley* und *Park West* unbestritten das größte und vielfältigste Wintersportgebiet Utahs. Gut 500 km ziehen die Wolken vom Pazifik her über die Wüste Nevadas, dann laden sie über den Wasatch Mountains ihren feinen, trockenen Pulverschnee ab – gut 12 m pro Winter. Ideale Skibedingungen also, die 2002 für die Olympischen Winterspiele genutzt wurden. *www.visitparkcity.com*

TIMPANOGOS CAVE (133 D3) (*E2*)

In der lang gestreckten Kalksteinhöhle unter der Nordflanke des 3581 m hohen *Mount Timpanogos* etwa 50 km südöstlich von Salt Lake City sind spektakuläre

Wo Felsen weinen: *Weeping Rocks* im Zion National Park

Tropfsteinformationen zu bewundern. Das Höhlensystem besteht aus drei größeren und mehreren kleinen Höhlen, die künstlich durch Stollen verbunden sind. Ein steiler, 2,5 km langer Pfad führt zum Haupteingang hoch über dem Tal. *Tgl. 8–17 Uhr | Führungen 7 $ | Ticketreservierung Tel. 801 756 52 38*

VERNAL

(133 E3) (*F2*) **Das 8000-Einwohner-Städtchen in der steinigen Einöde ganz im Nordosten Utahs wird allem Anschein nach hauptsächlich von Dinosauriern bewohnt: Dinos vor den zahlreichen Motels, in den Souvenirläden, in den Museen.**

Kein Wunder, denn das Sedimentgestein des *Dinosaur Nat. Monument* am Ostrand des Orts ist wohl die beeindruckendste Fundstätte Nordamerikas: In der *Quarry Exhibit Hall (tgl. 9.30–16 Uhr| Zufahrt mit Shuttlebus vom Visitor Center des Parks aus)* sind an einer Klippe rund 1500 fossile Saurierknochen in ihrer ursprünglichen Lage zu sehen.

Für alle Aktivurlauber sind die 1000 m tiefen Schluchten des *Green River* und des *Yampa River* ein beliebtes Revier für Schlauchbootfahrten, Mountainbike- und Wandertouren. Unbedingt sehenswert: ☀ *Harpers Corner* im *Dinosaur Nat. Monument* und der ☀ *Red Canyon Overlook* in der *Flaming Gorge Nat. Recreation Area,* die sich nördlich von Vernal weit nach Wyoming hinein erstreckt.

ÜBERNACHTEN

BEST WESTERN DINOSAUR INN

Solides Kettenmotel im Ortszentrum. *60 Zi. | 251 E Main St. | Tel. 435 7 89 26 60 | www.bestwestern.com | €*

ZION NAT. PARK

(132 C5–6) (*D4*) **Der 595 km² große Park zählt zu den kleineren Schutzgebieten der Canyonregion Südutahs, ist aber bei Wildniswanderern sehr beliebt.**

Kernstück ist die 700 m tiefe, von Steilhängen eingezwängte Schlucht des Virgin River. Im Verlauf der letzten 13 Mio. Jahre hat der Fluss aus den Kalksteinschichten und dem tiefroten Navajo-Sandstein des *Markagunt Plateau* dramatische Steilwände geschliffen. Die mormonischen Pioniere benannten das Tal nach dem Himmelreich Zion, vielen der Felstürme gaben sie biblische Namen. Zur Hochsaison verkehren vom dem am Südeingang des Parks gelegenen *Visitor Center* aus Shuttlebusse in den Canyon.

SEHENSWERTES

ZION NARROWS ❋ ★

Knapp 10 km führt der *Scenic Drive* in den Zion Canyon – besonders schön im Herbst, wenn die Pappeln sattgelb leuchten. Dann können Sie – bei niedrigem Wasserstand – am besten die zweitägige Trekkingtour durch die schmale Schlucht der *Zion Narrows* unternehmen, die auch durch das Flussbett des Virgin River führt (rutschfeste Schuhe einpacken). Daneben gibt es eine Vielzahl kürzerer Wege, z. B. den *Riverside Trail* oder etwa den *Canyon Overlook Trail* und den **INSIDER TIPP** *Angels Landing Trail*, die beide zu ❋ Aussichtspunkten hoch über dem Tal führen.

ESSEN & TRINKEN

BIT 'N SPUR SALOON

Urige Bierkneipe mit mexikanischem Restaurant. Abends oft Livemusik. *1212 Zion Park Blvd. | Springdale | Tel. 435 772 34 98 | €€*

SPOTTED DOG CAFÉ ❋

Gepflegtes Restaurant im *Flanigan's Inn* mit guten Fisch- und Wildgerichten und schönem Blick über den Fluss. *428 Zion Park Blvd. | Springdale | Tel. 435 772 07 00 | €–€€*

ÜBERNACHTEN

INSIDER TIPP CANYON RANCH MOTEL

Angenehmes Haus mit Blockhütten nahe dem Parkeingang. *22 Zi. | 668 Zion Park Blvd. | Springdale | Tel. 435 772 33 57 | www.canyonranchmotel.com | €*

ZION PARK INN

Modernes Hotel mit Swimmingpool und einem gemütlichen Restaurant, dem *Switchback Grille*. *120 Zi. | 1215 Zion Park Blvd. | Springdale | Tel. 435 772 32 00 | www.zionparkinn.com | €€*

AUSKUNFT

ZION NATIONAL PARK

Visitor Center am Parkeingang | Tel. 435 772 32 56 | www.nps.gov/zion

ZIELE IN DER UMGEBUNG

CEDAR BREAKS NAT. MONUMENT ●
(132 C5) (*ℳ D4*)

Am Highway 14 liegt östlich von Cedar City ein weiteres kleines Schutzgebiet: ein Steilabbruch mit vielfarbigen Felssäulen aus Kalkstein. Nicht verpassen sollten Sie den kurzen **INSIDER TIPP** Trail zu den *Bristlecone Pines*, einer Kiefernart, die hier auf gut 3000 m Höhe gedeiht und bis zu 4000 Jahre alt wird.

CEDAR CITY (132 C5) (*ℳ D4*)

Das mormonische Städtchen (21 000 Ew.) ist Utahs Kulturstadt, denn jeden Sommer findet auf dem Unicampus das *Utah Shakespearean Festival* (Kartenreservierung unter Tel. 435 586 78 78 | www.bard.org) mit gerühmten Produktionen von Shakespeare-Stücken, aber auch mit Werken anderer Dramatiker statt.

NEW MEXICO

New Mexico liegt im amerikanischen Südwesten, umrahmt von Arizona, Colorado und Texas. Das echte Mexiko grenzt unmittelbar im Süden an. Aber selbst zahlreiche Amerikaner wissen dies nicht.

Dabei kann das immerhin 315 000 km² große New Mexico mit viel Historie, Kultur und großartiger Natur aufwarten. Nicht zu vergessen die hervorragende Küche, eine Mischung aus indianischer und spanisch-mexikanischer Kochkunst. Einigermaßen besiedelt ist nur das Tal des aus vielen Western bekannten Rio Grande, in dem auch die Hauptstadt Santa Fe liegt. Im weiten Hinterland findet sich nur hier und dort ein klappriges Städtchen, das oft noch stark an die Tage des Wilden Westens erinnert. Im heißen Süden dehnen sich sonnendurchglühte, steinige Wüsten, im Norden reichen die Rocky Mountains von Colorado her nach New Mexico herein. Sangre de Cristo Mountains benannten einst die Spanier die einsamen, bis zu 4000 m aufragenden Höhen: „Berge vom Blut Christi".

Auf die Spanier, die am Fuß der Berge zu Anfang des 17. Jhs. ihre ersten Siedlungen und Missionen in Nordamerika anlegten, geht auch der irreführende Staatsname zurück. Nuevo México nannten sie damals ihre Kolonie am Rio Grande, die schließlich 1848 von den Amerikanern übernommen wurde. Aus jenen frühen Tagen der *conquistadores* stammen noch heute viele Ortsnamen, und zahlreiche Familien führen ihre Herkunft stolz auf die ersten Kolonisten zurück.

Bild: Apachen-Tänzer in Santa Fe

Die Nachfahren der Spanier sind jedoch nicht die einzige Volksgruppe, die New Mexico prägten. Seit über 1000 Jahren siedeln hier die Pueblo-Indianer. Und sie haben es bis heute geschafft, ihre Kultur, ihre Riten und Zeremonialtänze zu bewahren. Auch die dritte Siedlergruppe schließlich hinterließ ihren Stempel: Die weißen Amerikaner haben sich – wie Billy the Kid – in die Westerngeschichte geschossen, in den 1920er-Jahren die Route 66 gebaut – und dann in New Mexico die erste Atombombe gezündet.

Aus dem Nebeneinander der Kulturen entstand eine Lebensart, die von der Kunst bis hin zur feurigen Küche ganz eigene Wege geht. Diese Regionalkultur, die stille Natur und das „Licht der Wüste" waren es, die Künstler wie etwa Georgia O'Keeffe nach New Mexico lockten und die heute immer mehr Zuzügler und Touristen faszinieren. Wer einmal dort war, ist bezaubert von diesem Staat. Das hat sich New Mexico sogar zum Motto genommen – *Land of Enchantment* (Land der Verzauberung) nennt es sich selbst.

ALAMO-GORDO

(138 C5) *(⌀ H7)* **Die Kleinstadt (36 000 Ew.) am Fuß der über 3000 m aufragenden *Sacramento Mountains* im heißen Süden von New Mexico wurde am 16. Juli 1945 weltweit bekannt – als Geburtsstätte des Atomzeitalters.**

Auf der nordwestlich gelegenen *White Sands Missile Range* zündeten die Wissenschaftler der US-Army damals die erste Test-Atombombe. Bis heute lebt die

Tgl. 9–17 Uhr | Eintritt 6 $, Kino 6 $ | State Route 2001 | www.nmspacemuseum.org

SPACEPORT AMERICA

Nahe Alamogordo entsteht derzeit ein neuer Meilenstein der Raumfahrtgeschichte: Multimilliardär Richard Bransons ließ in der Wüste bei Las Cruces vom Stararchitekten Norman Foster einen kommerziellen Raumflughafen bauen, der 2011 fertiggestellt wurde. Von hier soll *Virgin Galactic* schon bald Touristen ins All fliegen. *Fr–So Führungen, Reservierung nötig | Tel. 575 7 40 68 94 | spaceportamerica.com*

Das riesige, geriffelte Dünenfeld von White Sands ist aus hellem Gipssand

Stadt von der Raketen- und Raumfahrtindustrie und hat sogar eine Landepiste für Space-Shuttles.

SEHENSWERTES

MUSEUM OF SPACE HISTORY

Ausstellungen, Planetariumlasershows und in einem großen Omnimaxkino Filmvorführungen über die Geschichte der Raumfahrt und der Raketenforschung.

ZIELE IN DER UMGEBUNG

ROSWELL (139 D4) *(⌀ J7)*

Noch ganz andere kosmische Bezüge soll das Städtchen Roswell 200 km östlich von Alamogordo haben: 1947 sollen hier Aliens gelandet sein. Seitdem wurden öfters fliegende Untertassen gesichtet und die Geschichte des Orts in mehreren Filmen dramatisiert. Heute drängeln sich an der Main Street Ufo-Souvenirläden,

Ufo-McDonalds-Lokale und Ufo-Museen. Für Ufo-Fans ein Muss.

RUIDOSO (138 C4) (*H–J7*)

Kaum zu glauben, wie sich auf wenigen Kilometern Fahrt von Alamogordo hinauf in die *Sacramento Mountains* Klima und Landschaft verändern. Der kleine Erholungsort Ruidoso am Rand des Mescalero-Reservats liegt in kühlen, grünen Pinienwäldern. Im Sommer bieten Wanderwege, ein Westernmuseum und Pferderennen Abwechslung, im Winter können Sie hier Ski fahren.

WHITE SANDS NAT. MONUMENT ★
(138 C5) (*H7*)

Das Wüstental des *Tularosa Basin* westlich von Alamogordo ist ein Mekka für Hobbyfotografen: Auf rund 600 km² Fläche erstrecken sich hier bizarre, blendend weiße Wanderdünen aus Gipssand, manche über 20 m hoch. Vom *Visitor Center (9–19, im Winter 9–17 Uhr)* führt eine Straße auf 13 km in die wie Schneewehen anmutenden Sandhügel.

ALBU-QUERQUE

(138 C3) (*H6*) **Die größte Stadt (1,1 Mio. Ew.) von New Mexico zieht sich in einem Hochtal am Fuß der *Sandia Mountains* hin.**

Nuklear- und Computerindustrie sowie eine Universität haben die frühere Handelsstadt zu einem modernen Hightechzentrum gemacht. Aus der langen Stadtgeschichte – Albuquerque wurde 1706 gegründet – blieben nur einige Adobe-Bauten in der *Old Town* erhalten. Um die malerische Plaza findet man dort neben der 1793 erbauten Kirche *San Felipe de Neri* mehrere Museen, Restaurants und Galerien. Lohnend ist auch eine Fahrt mit der angeblich längsten Seilbahn Nordamerikas auf den 3158 m hohen *Sandia Peak* über der Stadt.

SEHENSWERTES

INDIAN PUEBLO CULTURAL CENTER

Dieses von Indianern geführte Museum zur Kultur der heute noch rund 25 Pueblo-Stämme New Mexicos ist zugleich ein Kunstmarkt. *Tgl. 9–17 Uhr | Eintritt 6 $ | 2401 112th St. NW | www.indianpueblo.org*

INSIDER TIPP ▶ INTERNATIONAL BALLOON MUSEUM

Zum berühmten Festival gibt es jetzt ein Museum über die bunte Welt der Heißluftballone. *Di–So 9–17 Uhr | Eintritt 4 $ | 9201 Balloon Museum Dr. NE | www.balloonmuseum.com*

MARCO POLO HIGHLIGHTS

★ **White Sands Nat. Monument**
Bizarre „Schneelandschaft" in der Wüste → S. 79

★ **Acoma Pueblo**
Die „Himmelsstadt" der Acoma-Indianer → S. 81

★ **Carlsbad Caverns Nat. Park**
Amerikas schönste Tropfsteinhöhlen → S. 81

★ **Santa Fe**
Einfach bezaubernd: New Mexicos Hauptstadt → S. 83

★ **Canyon Road**
Kunst in Adobe-Bauten → S. 85

★ **Taos Plaza**
Ein idyllischer Stadtplatz aus spanischen Tagen → S. 88

Cadillac in Albuquerque: Gepflegte alte Straßenkreuzer sind im trockenen Süden oft anzutreffen

NEW MEXICO MUSEUM OF NATURAL HISTORY & SCIENCE

Ausstellungen über die Geologie und Naturgeschichte des Staats – samt lebensgroßen Dinosauriern und einem begehbaren Vulkan. *Tgl. 9–17 Uhr | Eintritt 7 $ | 1801 Mountain Rd. NW | www.nmnaturalhistory.org*

ESSEN & TRINKEN

ARTICHOKE CAFÉ

Schickes Bistro mit exzellenter *southwest cuisine* und fabelhaften Desserts. *424 Central Ave. SE | Tel. 505 2 43 02 00 | €€*

INSIDER TIPP MAC'S LA SIERRA RESTAURANT

Klassiker an der Route 66: Steaks, mexikanische Kost und eine Plastikkuh als Aushängeschild. *6217 Central Ave. NW | Tel. 505 8 36 12 12 | €*

THE GROVE

Biolokal mit Regionalproduktmarkt an der historischen Route 66. Nur Frühstück und Lunch. *600 Central Ave. SE | Tel. 505 2 48 98 00 | €*

ÜBERNACHTEN

CLUBHOUSE INN

In der Nähe der Autobahn und dennoch ruhig. Guter Service. *137 Zi. | 1315 Menaul Blvd. NE | Tel. 505 3 45 00 10 | www.albuquerque.clubhouseinn.com | €*

LOS POBLANOS INN

Historische Biofarm, die heute als ein mit Stil und viel regionaler Kunst gestalteter Landgasthof geführt wird; in einem ruhigen Viertel nur wenige Schritte vom Rio Grande. *20 Zi. | 4803 Rio Grande Blvd. NW | Tel. 505 3 44 92 97 | www.los poblanos.com | €€–€€€*

AUSKUNFT

ALBUQUERQUE CONVENTION & VISITORS BUREAU

Infokiosk in Old Town | 20 First Plaza | Suite 601 | Tel. 505 8429918 | www.visitalbuquerque.org

ZIELE IN DER UMGEBUNG

ACOMA PUEBLO ⭐ (138 B3) *(🛏 G6)*

Eines der ältesten und schönsten Pueblos des Südwestens: Gut 110 m hoch über der Wüste thront die „Sky City" der Acoma-Indianer auf einem steilen ☀ Tafelberg rund eine Stunde westlich von Albuquerque. Im neuen *Cultural Center* mit dem *Haaku Museum* starten Führungen durch das bereits um 1150 angelegte Pueblo, dessen größter Bau die 1629 begonnene Missionskirche *San Esteban del Rey* ist. An Ständen wird traditionelle, mit weißen und schwarzen Linien verzierte Acoma-Keramik verkauft. *Tgl. 8–19, im Winter 8–16 Uhr | Führungen 23 $*

PUEBLOS (138 C2) *(🛏 H5)*

Nördlich von Albuquerque liegen im Tal des Rio Grande alte indianische Pueblos wie *San Felipe, Santo Domingo, Zia* und *Cochiti,* deren Bewohner vor allem für ihre Töpferarbeiten bekannt sind, die sie in den Handelsposten und Dörfern verkaufen.

Erkundigen sollten Sie sich vorab bei den *Visitors Bureaus* in Albuquerque oder Santa Fe nach den Festtagen, an denen in den Pueblos die sehenswerten farbenprächtigen Zeremonientänze stattfinden.

CARLSBAD CAVERNS NAT. PARK

(139 D5) *(🛏 J8)* ⭐ **Tief in den *Guadalupe Mountains* im äußersten Südosten New Mexicos liegen die größten bisher bekannten Tropfsteinhöhlen der Erde.**

Allein der *Big Room,* die Haupthöhle, ist 550 m lang und bis zu 77 m hoch. Rund 3 Mio. Jahre hat das leicht säurehaltige Grundwasser gebraucht, um die gewaltigen Kavernen aus dem Kalkgestein eines versteinerten Korallenriffs zu waschen. Befestigte Wege leiten etwa 5 km durch das kühle, teils farbig angestrahlte Höhlensystem. Die längere Tour führt durch den natürlichen Eingang der Höhle. Per Aufzug können Sie aber auch ins Herz-

KLIPPENSIEDLUNGEN

Die Stämme im Norden New Mexicos wie auch die Hochkultur der Anasazi erhielten ihren heutigen Namen von den Spaniern. *Pueblos*, Dörfer, nannten die Eroberer die steinernen, oft auf Tafelbergen oder versteckt unter Klippen gelegenen Siedlungen der Ureinwohner am Rio Grande. Aus roh behauenen Steinquadern und sonnengetrockneten Lehmziegeln *(adobes)* bauten seit etwa 900 n. Chr. die Stämme der Four-Corners-Region eine Art prähistorische Apartmentanlagen, die bis zu fünf Stockwerke hoch waren (Taos Pueblo). Noch heute gibt es in New Mexico rund 25 solcher Pueblos mit Wohnräumen, Vorratsräumen und *kivas*, kreisrunden, unterirdischen Zeremonienräumen.

stück des Labyrinths fahren, wo in 230 m Tiefe zwei kürzere Touren beginnen. In einer Seitenkammer nisten im Sommer Hunderttausende von Fledermäusen, die zum Sonnenuntergang wie eine riesige schwarze Wolke aus dem Höhleneingang quellen. *Tgl. 8–17, im Sommer bis 19 Uhr | Eintritt 10 $ | www.nps.gov/cave*

Touren: etwa zu dem fast 500 m hoch aus der Wüstenlandschaft aufragenden vulkanischen Monolithen *Shiprock,* von dem die Sage erzählt, dass er einst ein riesiger Vogel war, der die Ahnen der Navajo in dieses Land brachte. Oder zu den *Bisti Badlands,* einer bizarren Erosionslandschaft südlich der Stadt.

Carlsbad Caverns: Tropfsteinhöhlen von gigantischem Ausmaß

ÜBERNACHTEN

HERITAGE INN

Gepflegtes, historisches Hotel in einem Örtchen rund 100 km nördlich der Höhlen. *11 Zi. | 209 W Main St. | Artesia | Tel. 575 7 48 25 52 | €–€€*

FARMINGTON

(138 A1) (*ɯ G5*) **Eigene Attraktionen hat die 46 000-Einwohner-Stadt an der Ostgrenze des großen Navajo-Reservats kaum zu bieten.**
Sie ist vor allem Handelszentrum der Indianer und ein guter Ausgangspunkt für

Im Vorort *Aztec,* etwas östlich der Stadt, ist im *Aztec Ruins Nat. Monument* eine Ruinenstätte der Anasazi-Kultur aus der Zeit um 1150 zu besichtigen. Besonders schön: die große, restaurierte *kiva.* Interessant sind auch die großen Handelsposten an der US 550 westlich des Orts, die wie vor 100 Jahren Decken und Silberschmuck anbieten.

ZIEL IN DER UMGEBUNG

INSIDER TIPP ▶ CHACO CULTURE NAT. HISTORICAL PARK (138 B2) (*ɯ G5*)
Nur eine teilweise geteerte Straße führt über die einsame Hochebene südlich von Farmington zum rund 100 km entfern-

ten *Chaco Canyon,* wo vor 1000 Jahren eines der wichtigsten Siedlungszentren der Anasazi-Kultur florierte. Auf der breiten Talsohle sind noch die Reste von 13 ehemaligen Pueblo-Komplexen, wie etwa der *Pueblo Bonito* oder die *Casa Rinconada,* zu bewundern. Teils besaßen diese Bauten sogar vier Stockwerke und mehrere Hundert Einzelräume. *Infos im Visitor Center*

GALLUP

(138 A1) (🗺 G5) Die Stadt (22 000 Ew.) ist nicht schön, aber typisch – ideal, um Truckeratmosphäre und das Flair der 1950er-Jahre zu erleben.

Mit ihren Motels, Tankstellen und flackernden Neonreklamen zieht sie sich kilometerweit an der Route 66 entlang. Westernshops, Sattlereien und Viehfutterläden zeugen ebenso wie die vielen Bars davon, dass Gallup das wichtigste Handelszentrum des nahen Navajo-Reservats ist.

ESSEN & TRINKEN

EARL'S
Klassischer *coffee shop* an der Route 66, wo auch Navajo-Indianer Ware anbieten. *1400 E Hwy. 66 | Tel. 505 8 63 42 01 | €*

EINKAUFEN

● In der Innenstadt reihen sich an der *Route 66* und an der *South 2nd St.* zahlreiche *pawn shops,* Pfandhäuser, und *trading posts,* die authentische traditionelle indianische Kunst, Schmuck, Decken und Lederwaren anbieten. Auch alter Silberschmuck der Indianer ist hier zu oft recht günstigen Preisen zu haben. Besonders schön: der *Richardson Trading Post (222 W Historic Hwy. 66).*

ÜBERNACHTEN

EL RANCHO
In dem 1937 erbauten Haus hat schon John Wayne übernachtet. Schöne alte Lobby. Die 72 Zimmer sind einfach, aber sauber. *1000 E Hwy. 66 | Tel. 505 8 63 93 11 | www.elranchohotel.com | €*

ZIELE IN DER UMGEBUNG

EL MORRO NAT. MONUMENT
(138 A3) (🗺 G6)
Die steile Sandsteinwand des *Inscription Rock* eine Stunde Fahrt südöstlich von Gallup liest sich wie ein „Who's who" der Entdeckergeschichte: Seit 1600 haben sich alle Eroberer hier mit ihrem Namen verewigt. Ein Pfad führt hoch auf die Felsen zu den Resten des ❋ *Atsinna Pueblo,* das bis 1275 von Indianern bewohnt wurde.

ZUNI PUEBLO (138 A3) (🗺 G6)
Das größte der indianischen Pueblos in New Mexico, rund 60 km südlich von Gallup, sieht auf den ersten Blick wie eine normale Kleinstadt aus. Doch hinter den Häusern stehen die traditionellen Lehmöfen der Zuni, in vielen Handelsposten wird Schmuck verkauft, und zu Festtagen werden eindrucksvolle Maskentänze veranstaltet. Sehenswert: die innen farbenfroh bemalte Missionskirche im Ortszentrum.

SANTA FE

(138 C2) (🗺 H5) ★ Quirlige Cafés und exzellente Restaurants, hübsche Adobe-Bauten und hervorragende Museen. Die Hauptstadt New Mexicos (140 000 Ew.) ist mit Abstand die charmanteste, beliebteste und auch die älteste Stadt der USA.

Bereits 1609 von den Spaniern gegründet, war Santa Fe am Fuß der *Sangre de Cristo Mountains* zunächst das Zentrum der spanischen Kolonialmacht, später wurde die Stadt zum Handelsknoten am Ende des in vielen Westernfilmen gefeierten *Santa Fe Trail.*

In den letzten Jahrzehnten entwickelte sie sich zu einem Treffpunkt von New-age-Propheten, Künstlern und betuchten Aussteigern. Mit mehr als 200 Galerien ist Santa Fe heute nach New York das bedeutendste Kunstzentrum der USA.

SEHENSWERTES

ALTSTADT

Mittelpunkt der einheitlich im indianisch-mexikanischen Adobe-Stil gehaltenen Altstadt ist die *Plaza* mit dem 1610 erbauten *Palace of the Governors.* Ringsum liegen die wichtigsten Museen und Sehenswürdigkeiten: an der San Francisco Street das 1920 erbaute *La Fonda Hotel* und die neoromanische *St. Francis Cathedral* von 1884. Am *Old Santa Fe Trail* stehen die der Pariser Sainte-Chapelle nachempfundene *Loretto Chapel* und der älteste Kirchenbau der USA, die *Mission San Miguel* von 1610. Einen Bummel verdient auch das Viertel rund um die *Guadalupe Street,* das der mit Galerien gespickten *Canyon Road* langsam den Rang abläuft.

GEORGIA O'KEEFFE MUSEUM

Surrealistisch anmutende Gemälde und Skulpturen der berühmtesten Künstlerin von New Mexico. *Tgl. 10–17, Fr bis 19 Uhr | Eintritt 12 $ | 217 Johnson St. | www.okeeffemuseum.org*

MUSEUM OF CONTEMPORARY NATIVE ARTS

Wechselnde Ausstellungen moderner indianischer Kunst und ein sehr guter Museumsladen. *Mi–Mo 10–17, So ab 12 Uhr | Eintritt 10 $ | 108 Cathedral Place | www.iaia.edu/museum*

MUSEUM OF NEW MEXICO

In vier großen Museen hortet New Mexico die Schätze seiner Kulturen: Der *Palace of the Governors* an der Plaza ist vor allem der Kolonialgeschichte gewidmet, das *Museum of Arts* nebenan zeigt moderne Kunst des Südwestens. Am Camino Lejo südlich der Stadt liegen das *Museum of Indian Arts and Culture* und das *Museum of International Folk Art.* Alle: *Di–So 10–17 Uhr | Eintritt je 9 $, Vier-Tage-Pass für alle 20 $ | www.museumofnewmexiko.org*

RANCHO DE LOS GOLONDRINAS

Weitläufiges Freiluftmuseum in einer alten spanischen *hacienda*, in der die Kolonialzeit lebendig wird. Im Sommer *Mi–So 10–16 Uhr | Eintritt 6 $ | 334 Los Pinos Rd. | www.golondrinas.org*

WHEELWRIGHT MUSEUM ●

Herrliche Webarbeiten und moderne Kunst der Navajos. *Tgl. 10–17, So 13–17 Uhr | Eintritt frei | 704 Camino Lejo | www.wheelwright.org*

ESSEN & TRINKEN

CAFÉ PASQUAL'S 😊

Gemütliches Bistro im Southweststil mit bester Bioküche, auch gut zum Frühstücken. Vom Fleisch bis zu Chilischoten und Gewürzen kommt alles aus der Region. *121 Don Gaspar Ave. | Tel. 505 9 83 93 40 | www.pasquals.com | €€–€€€*

GERONIMO

Elegantes Dinnerlokal mit fabelhafter *southwest cuisine.* Kleine Terrasse, schickes Publikum. *724 Canyon Rd. | Tel. 505 9 82 15 00 | €€€*

INSIDER TIPP ▶ TOMASITA'S

Scharfe *burritos* und leckere *fajitas* in der alten Bahnstation. *500 S Guadalupe St. | Tel. 505 9 83 57 21 | €*

EINKAUFEN

Rings um die Plaza finden Sie Kunsthandwerks- und Souvenirläden, die vielfach auch guten Indianerschmuck führen. Von den Indianern selbst kann man unter den Arkaden des *Palace of the Governors* kaufen.

Die ★ ● *Canyon Road* mit ihren Künstlerateliers und etablierten Galerien liegt im Osten der Stadt. Z. B. schöner Schmuck in der *Galerie Silver Sun (656 Canyon Rd.)* oder Keramik und Webarbeiten in der *Galerie Morning Star (513 Canyon Rd.)*. Falls Sie am Wochenende hier sind, lohnt sich ein Besuch des ☺ *Santa Fe Farmers Market (Sa 8–13 Uhr)* in und um die Hallen neben dem Bahnhof. Biologisch angebautes Obst und würziges Chilipulver von Bauern der Region werden feilgeboten, dazu

spielen Countrymusiker. Sonntags findet an gleicher Stelle ein Kunsthandwerksmarkt statt.

FREIZEIT & SPORT

SANTA FE SOUTHERN RAILWAY

2- bis 4-stündige Ausflugsfahrten mit der berühmten historischen Bahn. *Santa Fe Depot | Abfahrtstermine unter Tel. 505 9 89 86 00 | www.sfsr.com*

TEN THOUSAND WAVES ● ☺

Großes Badehaus und Spa in den Hügeln über der Stadt: private Heißwasserbecken, vielerlei Massagen, Salz- und Kräuterpackungen mit japanischen Bioprodukten. *3451 Hyde Park Rd. | Tel. 505 9 82 93 04 | tenthousandwaves.com*

ÜBERNACHTEN

BISHOP'S LODGE

Elegantes ehemaliges Landhaus mit schönen Gärten in den Hügeln außerhalb der Stadt. *111 Zi. | 1297 Bishop's*

An der Canyon Road in Santa Fe reiht sich Galerie an Galerie

Höhleneingang im Frijoles Canyon des Bandelier Nat. Monument

Lodge Rd. | Tel. 505 9 83 63 77 | www. bishopslodge.com | €€€

INSIDER TIPP ▶ DON GASPAR INN
Gepflegte Frühstückspension in drei Häusern mit hübschen Innenhöfen und viel Southwestflair. 10 Zi. | 623 Don Gaspar Ave. | Tel. 505 9 86 86 64 | www. dongaspar.com | €€–€€€

EL REY INN
Gepflegtes Motel im Adobe-Stil, Zimmer mit Kamin. 86 Zi. | 1862 Cer-rillos Rd. | Tel. 505 9 82 19 31 | www. elreyinnsantafe.com | €–€€

HOTEL ST. FRANCIS
Schönes, historisches Hotel in der Altstadt, individuell gestylte Zimmer. 82 Zi. | 210 Don Gaspar Ave. | Tel. 505 9 83 57 00 | www.hotelstfrancis.com | €€€

AM ABEND
Mit Blick über die Dächer von Santa Fe sitzen Sie abends wunderbar in der Dachbar des La Fonda Hotels (100 E San Francisco St.). Livemusik ist bei einem gepflegten Drink in der Lobbybar des La Fonda und im spanischen Restaurant El Farol (808 Canyon Rd. | Tel. 505 9 83 99 12 | €€) zu hören.
Für Klassikfreunde lohnt sich ein Besuch der Santa Fe Opera (www. santafeopera.org) in einem spektakulären Open-Air-Bau von Frank Lloyd Wright (Aufführungen im Juli/August | Tel. 505 9 86 59 00).

AUSKUNFT
SANTA FE VISITORS BUREAU
201 W Marcy St. | Tel. 800 7 77 24 89 | www.santafe.org

ZIELE IN DER UMGEBUNG
BANDELIER NAT. MONUMENT/ LOS ALAMOS (138 C2) (⌀ H5)
Im Frijoles Canyon, rund 80 km nordwestlich von Santa Fe, bauten Indianer der Pueblo-Kultur zwischen 1100 und 1550 große Höhlenwohnungen in die Felswände. Ein knapp 2 km langer Weg führt durch die Schlucht vom Visitor Center zu den wichtigsten Höhlen. Bei der Rückfahrt können Sie in Los Alamos Station machen, dem früher streng geheimen Zentrum für Atomforschung. Viele

Laboratorien in der „Atomic City" (heute 12 000 Ew.) sind gesperrt, doch das *Bradbury Science Museum (15th St./Central Ave.)* dokumentiert die Arbeit von Robert Oppenheimer und seinen Nachfolgern.

CHIMAYO (138 C2) (*⫿ H5*)

Die Kirche des *Santuario de Chimayo* rund 50 km nördlich von Santa Fe ist seit 1816 ein berühmter Wallfahrtsort an der „High Road to Taos", der alten spanischen Handelsstraße von Santa Fe nach Norden. Nach dem Bußgang lockt das Terrassenlokal der *Rancho de Chimayo* mit feiner neumexikanischer Küche zum Verschnaufen. In der Umgebung können Sie noch weitere **INSIDER TIPP** altspanische Dörfer wie *Truchas* oder *Las Trampas* und indianische Pueblos wie *Picuris* entdecken.

LAS VEGAS (139 D2) (*⫿ J5*)

Das Westernstädtchen (15 000 Ew.) am alten *Santa Fe Trail* rund 45 km östlich von Santa Fe – nicht zu verwechseln mit seiner berühmten Schwester in Nevada – war vor 120 Jahren für die rauen Sitten berüchtigt, und so mancher Revolverheld endete am Galgen des Orts. Um die *Old Town Plaza* blieben viele viktorianische Bauten erhalten. Ein guter Übernachtungstipp ist das prächtig renovierte, historische *Plaza Hotel (72 Zi. | 230 Plaza | Tel. 505 4 25 35 91 | www.plazahotel-nm. com | €€).*

SILVER CITY

(138 A5) (*⫿ G7*) **Eine klassische Bergbaustadt (10 000 Ew.) im einsamen Süden New Mexicos mit dem zweifelhaften Ruhm, der Geburtsort von Billy the Kid zu sein.**

Mehrere gewaltige Tagebaugruben in der Umgebung zeugen vom Erzreichtum der Region, das Städtchen selbst träumt von besseren Tagen – hat aber immerhin eine Universität mit dem ausgezeichneten archäologischen *Western New Mexico*

BÜCHER & FILME

▶ **Der Skelett-Mann** – Tony Hillermans Krimis spielen meist im Reservat in Arizona mit Spannung und Hintergrundinfos über die Navajos (2006)

▶ **Die Monkey Wrench Gang** – Ein moderner Klassiker von Edward Abbey über die militante Ökobewegung im Südwesten (1975)

▶ **Gesucht: Billy the Kid** – Hörspieltipp für Westernliebhaber: Autor Frank Gustavus erzählt auf zwei CDs stimmungsvoll das kurze, wilde Leben des Revolverhelden (2006)

▶ **Leaving Las Vegas** – Nicolas Cage spielt in einer oscargekrönten Rolle einen alkoholsüchtigen Drehbuchautor in Las Vegas (1995)

▶ **Thelma & Louise** – Susan Sarandon und Geena Davis gehen in einem modernen Roadmovie auf einen Abenteuertrip der anderen Art (1991)

▶ **Ocean's Eleven** – Las Vegas ist die glamouröse Kulisse für diesen kultigen Gaunerfilm in Starbesetzung mit George Clooney, Brad Pitt und Julia Roberts (2001)

University Museum (Mo–Fr 9–16.30, Sa/ So 10–16 Uhr | Eintritt frei).

TAOS

(138 C1) (∞ H5) **Indianisches Pueblo, spanischer Kolonialposten, Künstlerkolonie – das Städtchen am Fuß der *Sangre de Cristo Mountains* hat alles erlebt.** Durch eine reizvolle Verbindung der Kulturen entwickelte sich Taos (5000 Ew.) zu einem beliebten Erholungsort. Neben dem historischen Zentrum ist auch die 1710 begonnene spanische Kirche *San Francisco de Asis* im Vorort *Ranchos de Taos* interessant.

ZIEL IN DER UMGEBUNG

GILA CLIFF DWELLINGS NAT. MONUMENT *(138 A4) (∞ G7)*

Die abgelegene Ruinenstätte rund 70 km nördlich von Silver City birgt die einzigen Reste der mysteriösen Mogollon-Kultur, die ähnlich wie die Anasazi-Kultur um 1280 verschwand. Ein Lehrpfad führt zu den fünf Höhlensiedlungen des Parks, in denen herrliche Töpferwaren entdeckt wurden. *Visitor Center, auch Führungen*

SEHENSWERTES

INSIDER TIPP ▶ MILLICENT ROGERS MUSEUM ☼

Ein Schatzkästlein indianischer Kunst: großartige alte Keramik, Schmuck, Kachinas und Webarbeiten der Pueblos, dazu moderne indianische Malerei und ein Traumblick über die Hochebene. *Tgl. 10–17 Uhr | Eintritt 10 $ | 1504 Millicent Rogers Rd. | www.millicentrogers.com*

TAOS PLAZA ★

Um die historische Plaza reihen sich alte Adobe-Bauten, in den Seitenstraßen sind Künstlerwerkstätten und Galerien zu besuchen. An frühere Künstler in Taos erinnern das *Ernest Blumenschein Home*, das *Harwood Museum* und das *Fechin Institute*. Interessant ist auch das Haus des berühmten Scouts *Kit Carson*.

TAOS PUEBLO

In der 800 Jahre alten Wohnstadt der Taos-Indianer leben viele noch traditionell ohne Fernsehen und Strom in Lehmziegelbauten. Sehenswert sind die Tanzrituale an Festtagen im Juni und Ende September. *Tgl. 8–16, So ab 8.30 Uhr | Eintritt 16 $ | am Nordrand von Taos | www.taospueblo.com*

LOW BUDG€T

▶ Gute Qualität und günstige Preise für Schmuck der Navajo haben die traditionellen Handelsposten am Rand des Reservats. So z. B. der auch für seine Webteppiche bekannte *Foutz Trading Post (am Hwy. 64 in Farmington | www.foutztrade.com)*.

▶ Billige Burger und wunderbare Nostalgie der 1950er-Jahre bieten die Lokale von *Sonic Drive-In*. Diese kleine Kette ist vor allem um die Four- Corners-Region verbreitet, etwa in Gallup *(1900 W 66th St.)*.

▶ Keine zehn Dollar kosten Lunch-Specials wie *Green Chile Stew* oder *Carne Adovada* im *Blue Corn Cafè*, einem beliebten Treff in Santa Fe. Ein Lokal liegt in der Innenstadt, das zweite im Süden hat sogar eine angeschlossene Kleinbrauerei. *133 Water St. und 4056 Cerrillos Rd. | Tel. 505 9 84 18 00 | www. bluecorncafe.com.*

DOC MARTIN'S
Sehen und gesehen werden: denkmalgeschütztes Lokal mit klassisch-neumexikanischer Küche. *125 Paseo del Pueblo Norte | Tel. 575 7 58 19 77 | €€–€€€*

MICHAEL'S KITCHEN
Ein Klassiker: US-Kost in einem typischen *coffee shop. 304 C Paseo del Pueblo Norte | Tel. 575 7 58 41 78 | €*

INN ON LA LOMA PLAZA
Schön restaurierter Adobe-Bau im Haziendastil mit allem Komfort. *10 Zi. | 315 Ranchitos Rd. | Tel. 575 7 58 17 17 | www. vacationtaos.com | €€–€€€*

ZIEL IN DER UMGEBUNG

CHAMA (138 C1) *(ℳ H4)*
Das 120 km westlich gelegene Silberstädtchen (1200 Ew.) ist heute ein beliebtes Ziel für Dampflokfans: Von hier

Aus Lehmziegeln: Diese Kirche im Adobe-Stil steht in der Indianersiedlung Taos Pueblo

TRADING POST CAFÉ
Gepflegtes Bistro, hervorragende, italienisch beeinflusste Southwestküche. *4179 Route 68 | Ranchos de Taos | Tel. 575 7 58 50 89 | €€*

ÜBERNACHTEN

EL PUEBLO LODGE
Freundliches Motel im Adobe-Stil am Ortsrand. *61 Zi. | 412 Paseo del Pueblo Norte | Tel. 575 7 58 87 00 | €*

schnaufen die historischen Schmalspurzüge der *Cumbres & Toltec Scenic Railroad,* die früher Silbererz transportierten, zu den Bergbauorten *Osier* und *Antonito* in den Bergen Colorados *(Buchung von Tagestouren unter Tel. 888 2 86 27 37 | www.cumbrestoltec.com).*
Stärken können Sie sich am südlichen Stadteingang im *High Country Restaurant (Tel. 575 7 56 23 84 | €–€€)* mit mexikanischen Gerichten und Steaks. Am Wochenende oft Livemusik.

COLORADO

Politische Grenzen richten sich nicht nach den natürlichen Landschaften. Daher gehört eigentlich nur noch der äußerste Südwesten Colorados zum klassischen Southwest, dem Land der Wüsten und der roten Felsen. Colorado ist vielmehr der Staat der Rocky Mountains, jener gewaltigen Bergkette, die als Rückgrat und Wasserscheide fast den gesamten Kontinent durchläuft.

Bis weit über 4000 m hinauf reichen die Gipfel der Rockies, im Schnitt liegt sogar ganz Colorado mehr als 2000 m über dem Meeresspiegel. Spätestens beim Wandern wird Ihnen die dünne Luft das schnell klarmachen. Viel weiter südlich als die Alpen gelegen, sind die Berge von Colorado bis über 3500 m bewaldet. Erst darüber beginnen alpine Wiesen und

kahler Fels. Die Nähe der oft bis weit ins Frühjahr hinein schneebedeckten Berge zu den roten Canyons des Colorado Plateau schafft reizvolle Kontraste. In einer Tagesfahrt sind Sie von Moab oder Santa Fe hoch oben in den Rockies.

Für die Pioniere waren die Rockies eine mächtige Barriere auf dem Weg nach Westen. Erst die ab 1860 nachfolgenden Gold- und Silberprospektoren drangen tiefer in die Bergwildnis vor, entdeckten gewaltige Reichtümer und hinterließen malerische Westernstädtchen. Viele davon sind heute beliebte Ferienorte mit hübsch restaurierten alten Hotels und Gästeranches.

Die Rockies liegen im Trend. Vor allem aus dem dicht besiedelten Kalifornien ziehen viele jüngere Leute und Familien

Bild: San Juan National Forest

Einsame Täler und himmelhohe Berge:
Der Rocky-Mountain-Staat ist ein Mekka
der Biker, Hiker und Skifahrer

nach Colorado – wegen der sauberen Luft, der guten Freizeitmöglichkeiten und der hohen Lebensqualität. Voll ist es deshalb hier noch lange nicht: Der 270 000 km² große Staat hat heute gerade mal 5 Mio. Einwohner.

ASPEN/VAIL

(134 B–C4) (*⌖ H3*) **Die rund 50 km Luftlinie voneinander entfernt liegenden Orte im Herzen von Colorado gel-** **ten als die berühmtesten Skiziele der Rockies.**

Vail (5000 Ew.) ist ein moderner, im alpenländischen Stil erbauter Skiort. Das elegante ⭐ *Aspen* (6000 Ew.) hingegen ist ein Bergbaustädtchen, in dem einst Silber abgebaut wurde. Mit den ersten Skiliften 1930 stieg Aspen zum bekanntesten Pistenrevier Amerikas auf. Viktorianische Bauten wie die Bar des ● *Hotel Jerome (93 Zi. | 330 E Main St. | Tel. 970 4 29 50 28 | €€€)* im Ortszentrum bewahren noch etwas vom

Charme der wilden Bergbauzeit. Beliebt zum Après-Ski ist die *Ajax Tavern* an der Gondelstation mit italienischer Küche und Terrasse *(685 Durant Ave., Aspen | Tel. 970 9 20 63 34 | €€)*. Im Sommer von Radlern. Im Winter wird der *Mount Crested Butte* zum hervorragenden Pulverschneerevier für Skifans. Nach so viel Sport ist eine Stärkung fällig: z. B. einen *buffalo burger* oder Colorado-Lamm-

Die berühmten Tiefschneekessel von Vail sind eine Herausforderung für jeden Skifahrer

können Sie auf zahlreichen Wanderwegen die umliegende Bergwelt genießen, z. B. **INSIDER TIPP** im malerischen Tal der *Maroon Bells* (Busshuttle).
Auskunft: *Aspen Chamber Resort Association | 425 Rio Grande Place | Tel. 970 9 25 19 40 | www.aspenchamber.org*

ZIEL IN DER UMGEBUNG

CRESTED BUTTE (134 B4) *(ഝ H3)*
Das im Süden der *Aspen Mountains* 3000 m hoch gelegene Dorf (1500 Ew.) mit seinen vielen viktorianischen Häusern ist ein Mekka der Mountainbiker. Ein gut ausgebautes Netz von Trails führt auf alten Bergbaustraßen und Pionierpfaden in die Bergwelt. Zur *Bike Week* Ende Juni treffen sich hier alljährlich Tausende

rücken auf der Terrasse des *Maxwells (226 Elk Ave. | Tel. 970 3 49 12 21 | €€)*.

LEADVILLE (134 C4) *(ഝ H3)* ★
Von allen Boomtowns in Colorado war das 95 km westlich von Aspen liegende Leadville die reichste und wildeste. Schon um 1860 wurden in dem gut 3100 m hoch gelegenen Tal in den zentralen Rockies die ersten Goldnuggets entdeckt, 1875 dann noch große Silbervorkommen. Bald lebten gut 30 000 Bergleute hier. 1893 kam der Absturz: Leadville wurde zur Fast-Geisterstadt. Erhalten blieben die viktorianischen Fassaden an der Hauptstraße *Harrison Street* und historische Bauten wie das *Tabor Opera House*, das Zeitungsbüro des *Herald Democrat*, die *Dexter Cabin* und

das *Healy House,* die alle zu besichtigen sind. Die *National Mining Hall of Fame* (im Sommer tgl. 9–17 Uhr | Eintritt 9 $ | 120 W 9th St.) in der alten Schule des Orts erzählt die Geschichte des Bergbaus. Goldgräberflair von 1886 herrscht noch im *Delaware Hotel* (36 Zi. | 700 Harrison Ave. | Tel. 719 4 86 14 18 | €–€€). Drei Schotterstraßen, die ✿ *Silver King's Highways,* führen östlich von Leadville 20–30 km in die alten Bergbaureviere, wo um die früheren Gruben noch viele malerisch verwitternde Häuser und *Mining*-Gebäude stehen. Schön für eine nostalgische Tagestour mit weiten Blicken über die Berge und viel Westernromantik. Straßenkarte im Infobüro erhältlich.

COLORADO SPRINGS

(135 D4) *(⌖ J3)* **Trotz ihrer Größe besitzt die 1871 als Kurort gegründete Stadt (670 000 Ew.) großen Erholungswert.** Gründe hierfür sind die herrliche Lage am sonnigen Ostrand der Rockies, Naturparks wie der ✿ *Garden of the Gods*, hübsche Westernstädtchen wie *Cripple Creek* oder *Manitou Springs* in der Umgebung und gepflegte Golfplätze. Attraktionen sind das Westernmuseum *Pro-Rodeo Hall of Fame,* die architektonisch interessante *Cadet Chapel* der *US Air Force Academy* am Nordrand der Stadt sowie das *Western Museum of Mining,* in dem Sie selbst Gold waschen dürfen.

ESSEN & TRINKEN

RITZ GRILL
Moderne amerikanische Küche, gute Bar und direkt in der Downtown. *15 S Tejon St. | Tel. 719 6358484 |* €€

SPORT & FREIZEIT

CHALLENGE UNLIMITED
Tagestouren per BIke vom Pikes Peak ins Tal (hinauf geht's alternativ auch per *Cog Railway),* dazu ein- und mehrtägige Touren durch die Rocky Mountains. *Tel. 719 6 33 63 99 | www.bikithikit.com*

ÜBERNACHTEN

AUTHENTIC B & B INNS & COTTAGES OF THE PIKES PEAK REGION
Vermietet werden mehrere schöne Pensionen und Hütten in der Stadt und am Pikes Peak – von elegant bis rustikal. *www.colorado-bed-breakfast.com |* €€–€€€

MARCO POLO HIGHLIGHTS

THE BROADMOOR

Elegantes Traditionshotel am Fuß des Cheyenne Mountain, großes Spa und drei sehr gute 18-Loch-Golfplätze, die ganz umweltbewusst als Vogelschutzgebiete angelegt sind. Mehrere Restaurants. *711 Zi. | 1 Lake Ave. | Tel. 719 6 34 77 11 | www.broadmoor.com | €€€*

ZIEL IN DER UMGEBUNG

PIKES PEAK ❄ (135 D4) (*J3*)

Der 4300 m hohe Gipfel ist wohl einer der berühmtesten Berge Amerikas – und touristisch vollständig erschlossen. Zur Bergspitze hinauf führen eine Zahnradbahn ab Manitou Springs und sogar eine kurvenreiche Panoramastraße. *www.pikes-peak.com*

DENVER

KARTE AUF SEITE 96

(135 D3) (*J2*) **Ihren Anfängen als wilde Boomtown – gegründet während eines Goldrauschs 1858 am Cherry Creek – ist die Hauptstadt Colorados längst entwachsen.**

Mit ihren spiegelnden Wolkenkratzern und den ausgedehnten Vororten ist sie eine der lebenswertesten Metropolen (3,2 Mio. Ew. im Großraum) der USA. Die *Mile High City* – so genannt, weil sie 1600 m hoch an der Ostflanke der Berge liegt – lebt heute von Hightech, Transport- und Energiewirtschaft.

SEHENSWERTES

DENVER ART MUSEUM ★

Bedeutende Sammlung von moderner und indianischer Kunst, untergebracht in einem burgähnlichen Gebäude. Den 2006 eröffneten Anbau – das *Hamilton Building* – hat Stararchitekt Daniel Libes-

WOHIN ZUERST?

CITY Herz der Stadt ist die **16th Street Mall:** Am Ostende steht das State Capitol mit goldener Kuppel, dahinter das sehr sehenswerte Denver Art Museum. Im Westteil der Mall bummeln Sie vorbei an den Läden und Lokalen des Larimer Square und weiter zum Museum of Contemporary Art. Parkplätze finden Sie im Einkaufszentrum Denver Pavilions an der Ecke Welton St., und entlang der Mall verkehren kostenlose Shuttlebusse.

kind entworfen. *Di–So 10–17, Fr bis 20 Uhr | Eintritt 13 $ | 100 W 14th Ave. | www.denverartmuseum.org*

INSIDER TIPP ▶ DENVER MUSEUM OF NATURE & SCIENCE

Die Geologie, Flora und Fauna der Rocky Mountains, gezeigt in großen Dioramen und mit vielen interaktiven Stationen. *Tgl. 9–17 Uhr | Eintritt 13 $ | 2001 Colorado Blvd. | im City Park | www.dmns.org*

STADTRUNDGANG

Auf einem kleinen Hügel thront das von einer goldenen Kuppel gekrönte ❄ *State Capitol* (Aussichtsplattform), davor erstreckt sich der *Civic Center Park,* neben dem das *Colorado History Museum* die Pioniergeschichte der Rocky Mountains zeigt und wo in der *US Mint* alljährlich 5 Mrd. Münzen geprägt werden. Nördlich des Parks beginnt die belebte, quer durchs Zentrum führende Fußgängerzone *16th Street Mall*. An deren Nordwestende liegt der *Larimer Square,* die winzige Altstadt mit Restaurants und Bars. Auf der Westseite des Cherry Creek verdient das *Downtown*

Aquarium einen Besuch – und ein Essen im vom gläsernen Tanks umrahmten Restaurant *(tgl. 10–21 Uhr | Eintritt 17 $)*.

ESSEN & TRINKEN

INSIDER TIPP ▶ THE FORT

Wildwest pur: Büffelsteaks sind die Spezialität dieses etwas außerhalb gelegenen Lokals mit herrlichem Blick über Denver. *Morrison Hwy. 8 | Tel. 303 6 97 47 71 | www.thefort.com | €€€*

VESTA DIPPING GRILL ☺

Steaks, Ente und Rehfleisch mit zwei Dutzend leckeren Saucen. Zum Konzept gehören viele Regionalprodukte und sogar Allergikerküche. *1822 Blake St. | Tel. 303 2 96 19 70 | €€*

EINKAUFEN

Elegant shoppt man südlich der Innenstadt in der *Cherry Creek Mall*, ringsum im Viertel *Cherry Creek* zahlreiche Galerien und Restaurants.

SPORTS AUTHORITY

Riesiger Outdoor-Laden mit Campingausrüstung, Sportkleidung und Sportgerät für jede Art von Aktivurlaub. *10th Ave./Broadway*

AM ABEND

Beliebt sind die Bars und Restaurants des *Larimer Square (Larimer St./15th St.)* sowie der Lagerhallendistrikt *Lower Downtown* mit Minibrauereien wie der *Wynkoop Brewing Company (1634 18th St.)*.

ÜBERNACHTEN

BROWN PALACE

Nostalgisches Grandhotel aus der Zeit um 1900 mit großartiger Lobby. Sehr zentral. *232 Zi. | 321 17th St. | Tel. 303 2973111 | www.brownpalace.com | €€€*

Rotunde des State Capitol mit Porträts der 16 wichtigsten Pioniere Colorados

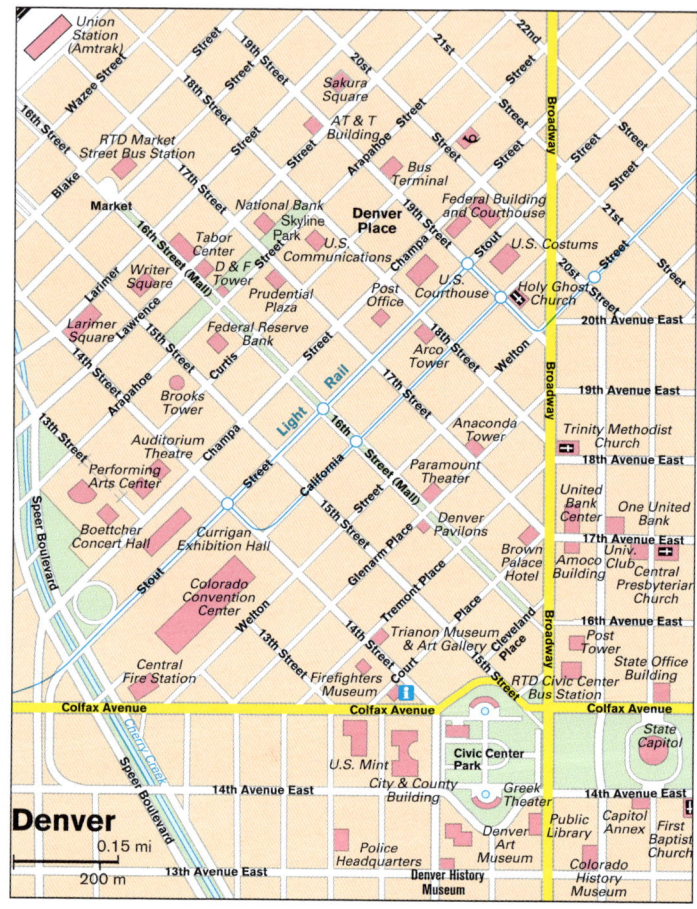

INSIDERTIPP▶ **CURTIS HOTEL**
Verspieltes Design-Hotel in zentraler City-
lage und mit gutem Restaurant. *90 Zi. |
1405 Curtis St. | Tel. 303 5 71 03 00 | www.
thecurtis.com | €€–€€€*

AUSKUNFT

DENVER VISITORS BUREAU
*1600 California St. | Tel. 303 8 92 15 05 |
www.denver.org*

ZIELE IN DER UMGEBUNG

GOLDEN (134 C3) (*H2*)
Die historische Stadt 20 km westlich von
Denver liegt direkt am Fuß der Rocky
Mountains. Am Gipfel des *Lookout Moun-
tain* befindet sich das Grab des Western-
helden und Pony-Express-Reiters Buffalo
Bill (mit Museum). Unten im Ort können
Sie eine der größten Brauereien der Welt
besichtigen: *Coors (13th St./Ford St.).*

ROCKY MOUNTAINS NAT. PARK
(134 C2–3) (*H2*)

Gut 100 km nordwestlich von Denver warten 1080 km² grandiose Bergszenerie im Herzen der Rockies. Die schönste Panoramastraße des Parks ist die ★ *Trail Ridge Road,* die in 3713 m Höhe über die kontinentale Wasserscheide führt. Gute Wanderwege erschließen Seitentäler mit pittoresken Bergseen wie dem ✿ *Bear Lake* oder dem *Bierstadt Lake. Visitor Center,* Campingplätze und Unterkünfte im alten Erholungsort *Estes Park* am östlichen Parkeingang.
Auskunft: *Fall River Visitor Center, US Hwy. 34, 8 km westlich von Estes Park | Tel. 970 5 86 12 06 | www.nps.gov/romo*

DURANGO

(134 B6) (*G4*) **Während des Silberbooms um 1880 war ★ Durango (15 000 Ew.) das Versorgungszentrum** für die Bergwerke in den *San Juan Mountains.*

Die prächtig renovierten viktorianischen Häuser und die netten Saloons entlang der *Main Avenue* stammen noch aus dieser Zeit und steigern den Reiz des Städtchens als Sommererholungsort. Ende August findet hier ein großer Motorradfahrertreff statt.

SPORT & FREIZEIT

SOARING TREE TOP ADVENTURES
Ganztägige Zipline-Touren in den Bergen um Durango, Anfahrt mit der *Durango & Silverton Railway*. Spektakulär, aber teuer: 479 $ pro Person. *Tel. 970 7 69 23 57 | www.soaringcolorado.com*

ÜBERNACHTEN

STRATER
Begeben Sie sich auf Zeitreise: ein nostalgisches Goldgräberhotel, perfekt re-

Mit Volldampf durch die Berge: historische Schmalspurbahn Durango & Silverton Railway

Cliff Palace auf der Mesa Verde: eine jahrhundertealte, in den Fels geschlagene Anasazi-Stadt

noviert und mit schönem Saloon. *93 Zi. | 699 Main Ave. | Tel. 970 2 47 44 31 | www. strater.com | €€–€€€*

ZIELE IN DER UMGEBUNG

BERGWERKSORTE (134 B6) *(ᗰ G4)*
Mehrere Panoramastraßen führen von Durango zu alten Bergwerksorten wie etwa *Telluride* und *Silverton* oder ● **INSIDER TIPP** *Ouray* mit seinen heißen Quellen. Übernachtungstipp: die 🌀 *Box Canyon Lodge (39 Zi. | 45 3rd Ave. | Tel. 970 3 25 49 81 | www.boxcanyonouray. com | €–€€),* ein gutes Motel, ökobewusst, mit geothermischer Energie und eigenen heißen Quellen.
Nach Silverton fährt im Sommer auch die Schmalspurdampfeisenbahn *Durango & Silverton Narrow Gauge Railroad (vorab reservieren! | Tel. 970 2 47 27 33 | www. durangotrain.com).*

GRAND JUNCTION

(134 A4) *(ᗰ G3)* **Die im weiten, fruchtbaren Tal des Colorado River gelegene Farmerstadt (45 000 Ew.) hat sich vor allem unter Dinosaurierfreunden einen Namen gemacht, denn in der Umgebung liegen einige der besten Fossilienfundstätten der Rockies.**
Das Museum *Dinosaur Journey (Mo–Sa 9–16, So 1–16, im Winter 10–15, So 12–16 Uhr | Eintritt 8,50 $ | www.museumof westernco.com)* an der I-70 westlich der Stadt zeigt lebensgroße Rekonstruktionen der Urzeitechsen. Einen Bummel verdient auch die **INSIDER TIPP** *Main Street* in der Altstadt, die von zahlreichen modernen Skulpturen gesäumt wird. Zudem ist der Ort der beste Ausgangspunkt für

Touren in die spektakuläre Canyonlandschaft des *Colorado National Monument* (beliebt für Fahrradtouren) am Westrand des Orts und in den *Black Canyon of the Gunnison National Park,* rund 120 km südöstlich gelegen. Der Canyon wurde aufgrund seiner Enge nie besiedelt und kaum erforscht. Infos unter: *www. visitgrandjunction.com*

MESA VERDE NAT. PARK

(134 A–B6) (*∅ G4*) ★ ● **Die eindrucksvollsten Zeugnisse früher indianischer Kulturen in den USA finden sich in den Schluchten am Südhang eines großen Tafelbergs, der Mesa Verde, rund 50 km westlich von Durango.**

Ab dem 6. Jh. lebten hier die Anasazi, die großen Klippenbauten entstammen ihrer Blütezeit um 1200. Eine vom Besucherzentrum ausgehende 🥾 Rundtour führt zu über 30 Ruinen. Besichtigen können Sie die *Spruce Tree Ruin,* den 217 Räume umfassende *Cliff Palace* oder auch – auf Führungen – das *Balcony House (Museum und Eintrittickets im Visitor Center).*

TELLURIDE

(134 B5) (*∅ G4*) **Die gesamte Innenstadt des malerischen Westernstädtchens (2200 Ew.) hoch in den San Juan Mountains steht heute unter Denkmalschutz.**

An der Colorado Avenue drängen sich hinter viktorianischen Fassaden Boutiquen, Saloons und Cafés. Besonders sehenswert: das *New Sheridan Hotel* von 1895 mit seiner schönen Bar und nebenan das *Sheridan Opera House,* in dem einst sogar Sarah Bernhardt auftrat. Und

noch eine Berühmtheit besuchte 1889 das damals schon recht wohlhabende Städtchen: Butch Cassidy, er raubte hier seine erste Bank aus.

Ganztägige geführte Allrad- und Biketouren (nur bergab wegen der großen Höhe), Wildwasserfahrten und Fototouren organisiert *Telluride Outside (121 W Colorado Ave. | Tel. 970 7 28 38 95 | www.tellu rideoutside.com).* Für ein romantisches Wildniserleben in den Bergen bei Telluride sorgt das `INSIDER TIPP` *Red Cone Retreat (6 Zelte | 2965 Red Cone Dr. | Norwood | Tel. 970 7 29 21 61 | www. redconeretreat.com | €):* Sie schlafen in Indianertipis!

LOW BUDG€T

▶ Billigere Burger als bei *Sam's No. 3* werden Sie in den Rockies kaum finden. Auch das deftige Chili kann sich sehen lassen. *1500 Curtis St. | Denver | Tel. 303 5 34 19 27 | www. samsno3.com*

▶ Wie wär's mit Hüttenurlaub? Die *State Parks* in Colorado bieten knapp 60 Hütten und Jurten im Hinterland, in denen Wanderer und Skitourengeher übernachten können. 70–110 $ kostet die Nacht für eine Kleingruppe von 5 bis 10 Personen. *Reservierung unter Tel. 303 4 70 11 44 | colorado stateparks.reserveamerica.com*

▶ Die Unterkunft für den Skiurlaub muss nicht teuer sein: Für 30–47 $ schlafen Sie in Gemeinschaftszimmern mit 4–10 Betten des *Fireside Inn Hostel (10 Zi. | 114 N French St. | Breckenridge | Tel. 970 4 53 64 56 | www.firesideinn.com).*

AUSFLÜGE & TOUREN

Die Touren sind im Reiseatlas, in der Faltkarte und auf dem hinteren Umschlag grün markiert

1 HÖHEPUNKTE DES CANYONLANDS

Die ganze grandiose Vielfalt des Colorado Plateau steht auf dem Programm dieser etwa drei Wochen dauernden Rundfahrt: Grand Canyon und Monument Valley ebenso wie Indianerreservate und uralte Ruinenstädte. Eine Reise durch Wildwestlandschaften der Extraklasse. Beste Zeit für die rund 3400 km lange Tour: Mitte Mai bis Anfang Oktober.

Nach durchspielter Nacht ist der Aufbruch von **Las Vegas** → S. 32 vielleicht nicht einfach, doch die klare Wüstenluft wird den Kopf bald frei machen. Zunächst geht es auf der I-15 nordwärts, wo sich bei einem Abstecher ins **Valley of Fire** → S. 41 zwischen roten Felsen der erste Vorgeschmack auf die Naturwunder des Canyonlands bietet. Wenig später erreichen Sie die Grenze zu Utah, das sich in **St. George** mit einem großen **Tempel** *(Visitor Center)* als Mormonenstaat vorstellt.

Von hier schlängelt sich die SR 9 weiter zum **Zion Nat. Park** → S. 74, dem westlichsten der Schutzgebiete auf dem Colorado Plateau. Nehmen Sie sich hier Zeit für einen ersten Wandertag. Durch wilde Felslandschaften auf dem **Markagunt Plateau** geht es dann weiter ostwärts zur US 89 und zu einem der ganz großen Highlights: dem **Bryce Canyon Nat. Park** → S. 64 mit seinen filigranen Steinskulpturen.

Bild: Valley of Fire

Der Wilde Westen, wie er in alten John-Wayne-Filmen lebt: Auf diesen Touren werden Sie ihn entdecken

Der nächste Routenabschnitt auf der ☙ SR 12 ist eine besonders schöne Panoramastrecke des Südwestens: zerklüftete Tafelberge, immer neue Canyons und Wüstentäler, wohin das Auge schaut. Vorbei an **Boulder → S. 66**, überquert die Straße in kühlen Waldregionen auf fast 3000 m Höhe schließlich den ☙ **Boulder Mountain** und führt dann hinab in den **Capitol Reef Nat. Park** – ein herrliches Revier für Tageswanderungen zwischen roten Sandsteinklippen. Empfehlenswert sind die Trails zum **Golden Throne** und zum **Hickman Arch**. Nördlich von Hanksville dürfen Sie am Hwy. 24 einen Abstecher zu den lustigen, fotogenen Steinzwergen des **Goblin Valley → S. 66** nicht verpassen, und in **Green River** können Sie sich im **Powell River History Museum** *(Sommer tgl. 8–19, sonst 9–17 Uhr | Eintritt 6 $ | 1765 E Main St.)* über die Geschichte der Entdecker auf dem Colorado River informieren. Es folgt ein kurzes Stück Autobahn I-70, bevor die US 191 nach Süden abzweigt: nach **Moab → S. 67** zu einigen der beeindruckenden Nationalparks und Naturwunder Amerikas. Am besten beziehen Sie in Moab für mehrere Nächte Quartier und erkunden die Umgebung – zu Fuß, per Mountainbike oder bei einer Raftingtour.

Am Colorado River entlang führt die Route weiter auf der SR 128 – vorbei an imposanten Felskulissen und Tafelbergen –, dann ostwärts auf der I-70 in den Staat Colorado. Nicht verpassen: eine kurze Wanderung in dem aus Westernfilmen bekannten **Fisher Valley**. Den nördlichsten Punkt dieser Rundfahrt markiert **Grand Junction** → S. 98. Die US 50 zweigt hier nach Süden ab in Richtung **Montrose** – planen Sie einen Abstecher zum ☀ **Black Canyon of the Gunnison Nat. Park** ein. Rund 800 m tief hat sich der Gunnison River dort in einer schmalen, düsteren Schlucht während der

letzten 2 Mio. Jahre in die Vulkanasche und das harte Urgestein der **Black Mesa** eingegraben *(Visitor Center bei Gunnison Point am Südrand des Canyon).*

Szenenwechsel: Vom Colorado Plateau aus klettert die Route nun auf der US 550 hinauf in die Bergwelt der **San Juan Mountains**. Einige viktorianische Bergwerksstädte aus der Boomzeit um 1890 wie **Telluride** → S. 99 (kurzer Abstecher über SR 62/145) sorgen hier für originales Wildwestflair. In **INSIDER TIPP** ▸ **Ouray** → **S. 98** locken heiße Quellen zum Bad, und in der **Bachelor-Syracuse Mine** *(tgl. 9–16 Uhr | CR 14 | Eintritt 15 $)* am Ortsrand können Sie ein altes Bergwerk besichtigen. Danach geht es auf dem ☀ **Million Dollar Highway** über 3000er-Pässe und hoch in den **San Juan Mountains** weiter nach **Durango** → S. 97. Gleich westlich liegt eine andere,

Wo die Kraft der Natur auf unendliche Weite trifft: erodiertes Schichtgestein des Grand Canyon

viel ältere Attraktion: die berühmten Ruinen von **Mesa Verde → S. 99**. Weniger bekannt, aber durch ihre mystische Stille ebenso beeindruckend sind die Ruinen des **Hovenweep Nat. Monument** etwas westlich von **Cortez** auf dem Wege nach **Blanding → S. 63**.

Zurück in Utah, taucht die Route wieder in die rote Canyonwelt ein: Schön für Wanderungen ist das **Natural Bridges Nat. Monuments**, etwas südlich erwartet Sie am **INSIDER TIPP** ▶ **Muley Point** ein atemberaubender Rundblick. Auf den Spuren von John Wayne geht es dann weiter durchs filmbekannte **Monument Valley → S. 52** und von Kayenta aus für einen Abstecher tief ins Reservat der Navajo zum **Canyon de Chelly → S. 44**.

Steinige, öde Wüste bis zum Horizont – die Fahrt auf der US 160/SR 98 verläuft durch die einsamsten Regionen des Navajo-Reservats. Doch dann bei Page ein verblüffender Kontrast: zwischen feuerroten Felsklippen die tiefblauen Fluten des **Lake Powell → S. 50**. Zeit für eine Bootsfahrt in der Wüste und für einen Besuch im fotoberühmten **Antelope Canyon → S. 50**.

Nächster Stopp auf der US 160/SR 98 ist der **Grand Canyon → S. 48**, die berühmteste Attraktion des Südwestens. Über das Hochplateau am Südrand der Schlucht zielt die US 180 stracks nach Süden auf die Vulkankegel von **Flagstaff → S. 45** zu, wo Sie eine Wanderung zu den indianischen Ruinen des **Walnut Canyon** unternehmen sollten. Von Flagstaff schlängelt sich die US 89A durch den malerischen **Oak Creek Canyon → S. 57** zum Städtchen **Sedona → S. 56** und klettert hinauf zum Westerndorf **Jerome → S. 57**. Nun geht es über die Berge wieder nordwärts und auf der I-40 gen Westen. Die letzte Etappe der Reise bietet ein klassisches Stück High-

waygeschichte: die legendäre **Route 66**, die von **Seligman** aus auf der originalen Trasse aus den 1930er-Jahren durch Wüstentäler und nostalgisch heruntergekommene Orte wie **Peach Springs** nach **Kingman → S. 50** führt.

Stachelige Blüte – Kaktus im Desert Botanical Garden

2 COWBOYS & KAKTEEN: DER SÜDEN ARIZONAS

Eine kurze Rundfahrt durch den heißen Süden – ideal für das Winterhalbjahr, aber mit Klimaanlage im Auto auch im Sommer gut machbar. Am Weg der Wüstenreise liegen prachtvolle Kakteenwälder und stimmungsvolle Westernorte. Besonders zur Blütezeit im März und April ist diese 1300 km lange Tour ein Erlebnis. Zeitbedarf: etwa acht Tage.

Beste Vorbereitung auf die Fahrt ist in **Phoenix → S. 53** ein Besuch im **Desert Botanical Garden**, in dem Sie alle Kakteenarten der Region vorab kennenlernen können. Dann geht es hinaus in die Wüste, die gleich am Stadtrand

Fassaden in Bonbonfarben: Die Altstadt von Tucson liebt es bunt

entlang der kurvigen Holperpiste des **Apache Trail → S. 56** beginnt. Im alten Silberstädtchen **Globe** illustrieren das Museum und der botanische Garten des **Besh-Ba-Gowah Archeological Park** die Kultur der Salado-Indianer. Die Spuren der späteren weißen Pioniere sind auf der Weiterfahrt am Hwy. 77 zu sehen: große Schlackehalden der Silber- und Kupferbergwerke in den **Pinal Mountains**. Vorbei an **Oracle** mit den bizarren Glaskuppeln des längst aufgegebenen Forschungsprojekts **Biosphere 2** führt die Route nach **Tucson → S. 58**, wo die herrlichen Kakteenwälder des **Saguaro Nat. Park** zu Wanderungen einladen. Danach folgt eine Fahrt durch öde Wüstenei auf der I-10. Sehenswert sind unterwegs die **Kartchner Caverns → S. 61** bei **Beson** und in **Dragoon** das **INSIDER TIPP** große **Indianermuseum der Amerind Foundation** (Di–So 10–16 Uhr | Eintritt 8 $ | www. amerind.org).

Noch einsamer wird es ab **Willcox** auf der SR 185, die südwärts ins schwer zugängliche Gebiet des ☼ **Chiricahua Nat. Monument** führt, einst Versteck von Apalachenkriegern nach ihren Überfällen auf die Siedler. Die Canyons und Felslabyrinthe vulkanischen Ursprungs sind heute ein beliebtes Wanderrevier – vor allem im Sommer, wenn es in den Bergen angenehm kühl ist.

Über **Douglas**, einen Rancherort an der mexikanischen Grenze, schlängelt sich die Route weiter zu Wildweststädten mit klingenden Namen wie **Bisbee → S. 44** und **Tombstone → S. 58**. In **Nogales → S. 53** können Sie einen Bummel über die Grenze nach Mexiko unternehmen, ehe Sie auf der I-19 wieder nordwärts steuern.

Lohnende Stopps am Wege sind die malerischen Ruinen der Mission von **Tumacacori** aus der Zeit um 1770 und das nicht weniger historische Künstlerstädtchen

Tubac → S. 53 mit einem alten, spanischen Presidio. Von Tucson aus wären es nur zwei Stunden Fahrt zurück nach Phoenix, doch vor allem im Frühjahr zur Kakteenblüte lohnt sich ein Schlenker zum **Organ Pipe Cactus Nat. Monument → S. 61** auf der SR 86. Interessant für Hobbyastronomen: ein Abstecher auf den 2098 m hohen ☀ **Kitt Peak**, auf dem einige der größten Teleskope der Welt stehen. Über den alten Bergwerksort **Ajo** leitet die SR 85 Sie durch das Tal des Gila River nach Norden, wo Sie auf der I-10 rasch zurück in **Phoenix** sind.

3 QUER DURCHS PUEBLOLAND IN NEW MEXICO

Vor allem für diejenigen, die nicht zum ersten Mal den Südwesten bereisen, bietet New Mexico vielerlei neue Eindrücke: feine Stadtkultur in Santa Fe, indianische Pueblos und mysteriöse Ruinen. Die knapp 1400 km lange Tour lässt sich auch gut mit der Rundfahrt durch das Canyonland verbinden. Zeitbedarf: ca. 8–10 Tage

Startpunkt **Albuquerque → S. 79**: Mit Flughafen und Mietwagenfirmen ist die größte Stadt New Mexicos ideal als Sprungbrett. Auf der I-25 lässt sich die Strecke nach Santa Fe in nur einer Stunde zurücklegen. Schöner und interessanter aber ist die ganztägige Route auf der SR 4 von **Bernalillo** über **Zia Pueblo** und den idyllischen **Jemez Canyon** nach Norden. Am Wege liegen zudem die Höhlensiedlungen des **Bandelier Nat. Monument** sowie die „Atomstadt" **Los Alamos → S. 86**.

Ein oder zwei Tage Aufenthalt in **Santa Fe → S. 83** lohnen sich sehr: Erstklassige Museen, feine Restaurants und Galerien lassen bestimmt keine Langeweile aufkommen. Danach geht es weiter ins Hinterland: Auf der **Taos High Road** (SR 76/518) über den Wallfahrtsort **Chimayo → S. 87** durch grünes Hügelland zum Künstlerort **Taos → S. 88**.

Aus dem Tal des Rio Grande führt die US 84 nach Westen: vorüber an dem kleinen Farmort **Abiquiu**, in dem die Künstlerin Georgia O´Keeffe lange lebte. Im **Ghost Ranch Center** sind Führungen durch ihr Haus zu buchen. Teil des Centers sind zudem ein Dinosaurier- und ein Indianermuseum. Im angeschlossenen, ökologisch, spirituell und künstlerisch orientierten ☺ **Ghost Ranch Retreat Center** können Sie übernachten und aus einer breiten Angebotspalette Kurse buchen (Vorabreservierung: Tel. 505 6 85 10 00 | www.ghostranch.org).

Einsame Hochebenen und Bergpässe im Norden New Mexicos kennzeichnen den nächsten Routenabschnitt auf US 84/64 über **Tierra Amarilla** nach **Chama → S. 89** und westwärts durch das Reservat der Jicarilla-Apachen. Erst bei **Farmington → S. 82** gibt es außer Natur wieder mehr zu sehen: originalgetreu restaurierte indianische Wohnstätte im **Aztec Nat. Monument** und in den **Salmon Ruins**. Noch eindrucksvoller können Sie nach staubiger Schotterstraßenfahrt (nicht empfehlenswert nach längerem Regen) die Anasazi-Kultur weiter südlich im **Chaco Canyon → S. 82** erleben.

Über **Gallup → S. 83**, einem legendären Truckerstopp an der Route 66, geht es weiter zum **Zuni Pueblo**, dessen Handelsposten gute Adressen für den Kauf von Intarsien- und Silberschmuck sind. Von hier folgt die SR 53 der Südflanke der **Zuni Mountains** vorüber am **El Morro Nat. Monument** und durch die Lavalandschaft von **El Malpais**. Das letzte Highlight der Rundfahrt wartet dann an der I-40 auf dem Rückweg nach **Albuquerque**: die „Himmelsstadt" **Acoma Pueblo → S. 81**.

SPORT & AKTIVITÄTEN

Sport ist im Südwesten Lebensphilosophie. Ob Tennis, Joggen, Golf oder auch Trendsportarten wie Mountainbiking und Rafting – die fitnessverrückten Amerikaner sind mit Enthusiasmus dabei.

Klar, dass sich auch für Besucher ein reiches Betätigungsfeld auftut: Jedes nur etwas größere Hotel hat einen eigenen Fitnessclub, dazu Tennisplätze und oft sogar einen Golfplatz. Ringsum in den Wüsten, Canyons und Bergen können Sie Radtouren und Wanderungen unternehmen oder wie einst die Cowboys zu Pferd in die Wildnis ziehen. Zahlreiche *rental shops* nahe den Nationalparks und in den Städten vermieten Bikes und anderes Gerät. Tipps und Landkarten bekommen Sie gleich dazu. Organisierte Tagestouren wie Ausritte, Zipline- oder Schlauchbootfahrten sind meist kurzfristig vor Ort zu buchen. Mehrtägige Touren reservieren Sie besser vorab.

BIKING

Kein Wunder, dass Biking heute die beliebteste Sportart im Südwesten ist: Die vielen alten Bergwerksstraßen und Forstwege sind für dicke Noppenreifen wie geschaffen. *Fat-tire*-Fans zieht es meist in die roten Sandsteinlabyrinthe um *Moab* auf den spektakulären *Slickrock Bike Trail*. Auch die Berge um *Telluride* und *Crested Butte* sind beliebte Bikerreviere.

Geführte Touren in Colorado sind häufig so angelegt, dass man per Shuttlebus auf den Berg gebracht wird und dann bergab fährt – auf über 3000 m ist die

Bild: Mit Maultieren im Grand Canyon National Park

Ewig blauer Himmel, großartige Canyons und Wüsten als Kulisse – so macht jede Sportart Spaß

Luft zum Bergauftreten für viele zu dünn. *Bike-Shops* finden Sie in jedem Ferienort. *Infos: www.mbaa.net oder www.cycling utah.com*
Rim Tours (1233 S Hwy. 191 | Moab, UT | Tel. 435 2 59 52 23 | www.rimtours.com) veranstaltet mehrtägige Biketouren in den Bergen und Nationalparks von Utah und Tagestouren um Moab. Für Touren ins Felsenland um Sedona verleiht *Sedona Bike & Bean* Räder *(75 Bell Rock Plaza | Sedona/Oak Creek, AZ | Tel. 928 2 84 02 10 | www.bike-bean.com)*.

EXTREMSPORT

Wer gern an seine Grenzen geht, ist hier richtig: Im Winter etwa treffen sich die Ski- und Boardcracks bei den *X-Games* in Aspen und stürzen sich die steilsten Hänge hinab. Die Schluchten des *Colorado Plateau* bieten die besten Möglichkeiten fürs *Canyoning*, wo Sie über Wasserfälle und Steilwände dem Bachlauf folgen *(Infos: www.canyoneering.net)*. Auch das Bergsteigen wurde mit *Freeclimbing* im Southwest eine Stufe weiter getrieben.

Die besten Reviere: um *Superior* östlich von Phoenix, der *Cochise Stronghold* bei Tucson und die Canyons um *Moab*.

GOLF

Mehr sogar noch als Florida ist der Südwesten das Golfmekka der USA. Vielfach schlängeln sich die *courses* zwischen roten Felsen und mannshohen Kakteen durch die Wüste dahin. Rund 125 Golfanlagen gibt es allein im Raum *Phoenix/ Scottsdale*, darunter so legendäre Meisterschaftsplätze wie *Troon North*. Dort zahlen Sie aber auch 250–300 $ *greenfee*. Die meisten Plätze sind günstiger. Besonders im Sommer können Sie schon für 40–80 $ eine 18-Loch-Runde spielen. Auf Websites wie *www.arizonagolfer.com* oder *www.golfarizona.com* finden Sie viele Detailinfos.

RAFTING

Major Powell wagte sich als Erster vor gut 130 Jahren in die Stromschnellen des *Colorado River* und durchfuhr den *Grand Canyon*. Was damals mit Holzbooten ein lebensgefährliches Unternehmen war, ist heute mit Schlauchbooten ein spritziges Vergnügen. Je nach Jahreszeit und Wasserstand gibt es neben dem Grand Canyon aber noch zahlreiche andere Raftingreviere.

Eine umfassende Auswahl von Raftingadressen bietet die Website *www. raftingamerica.com,* in der sich rund 20 Firmen zusammengeschlossen haben. Verlässliche Anbieter sind z. B. *Hatch River Expeditions (Vernal, UT | Tel. 435 7 89 43 16 | www.donhatchrivertrips.com)*, *Arkansas River (Buena Vista/Salida, CO | Tel. 800 7 23 89 87 | www.whitewater.net)* oder auch *Tag-A-Long Expeditions (Moab, UT | Tel. 435 2 59 89 46 | www.tagalong. com)*.

REITEN & RANCHES

Ein Ausritt gehört zu einer Reise in den Wilden Westen wie ein Besuch im Biergarten zu München. Auf vielen Ranches werden gemütliche *trail rides* in die umgebende Natur angeboten. Wer mehr will, kann für eine Woche auf einer *guest ranch* den Cowboys helfen oder bei einem Veranstalter einen Packtrip in die Wildnis buchen. Mit Schlafsack und Packpferd geht es dann wie zu Pionierzeiten in die Einsamkeit der Canyons *(Preis: 120–200 $/Tag)*.

Mehrtägige Packtrips in der Region um Capitol Reef – auch Allradtouren in die Felsenwelt des Cathedral Valley – organisiert *Hondoo Rivers & Trails (90 E Main St. | Torrey, UT | Tel. 435 4 25 35 19 | www.hondoo.com)*. Eine originale, von Kakteen umgebene Wildwest-Ranch mit über 120 Pferden ist die ● *White Stallion Ranch (41 Zi. und Suiten | 9251 W Twin Peaks Rd. | Tucson, AZ | Tel. 520 2 97 02 52 | www.whitestallion.com)*.

SKIFAHREN

Nirgendwo sonst ist der Pulverschnee so trocken und locker wie in den Rocky Mountains. *Aspen* und *Vail* in Colorado sowie die Olympiastadt *Park City* in Utah sind die bekanntesten Skiorte: große Resorts mit bestens ausgebauten Liftanlagen. Auch die kleineren Skiresorts in Colorado sind aber oft recht anspruchsvoll, beispielsweise *Telluride, Breckenridge* oder *Crested Butte*. **INSIDER TIPP** ▶ Sehr schön zum Langlaufen ist der *Bryce Canyon Nat. Park* – die roten Felstürme sehen mit Schneehäubchen besonders fotogen aus. Um die Organisation von individuellen Skitouren kümmert sich *Wilderness Ways (20 A Hunter Hill Rd. | Crested Butte, CO | Tel. 970 3 49 27 73 | www.wilderness ways.com)*.

Der Trail im Zion National Park führt mitten durch den Virgin River

WANDERN

Die besten Hikingreviere sind die *national* und *state parks,* denn hier werden die Wege von den Rangers gepflegt. Besonders *Grand Canyon*, *Bryce Canyon*, *Arches*, *Zion* und der *Rocky Mountain Nat. Park* eigenen sich ideal für Tagestouren. Für mehrtägige Hikes in die noch ganz ursprünglichen *wilderness areas* ist zumindest das erste Mal eine geführte Tour anzuraten. Und im Süden der Region sollten Sie Wanderungen in Wüstenparks wie dem *Organ Pipe Cactus* oder dem *Chiricahua Nat. Monument* nur im Winterhalbjahr einplanen – im Sommer ist es schlichtweg zu heiß.

Achtung: 😊 Für manche ökologisch besonders schützenswerte Wanderziele wie den spektakulären *Paria Canyon* oder andere *slot canyons* werden pro Tag nur eine begrenzte Zahl von Wanderern zugelassen. Auskunft über Erlaubnisse *(permits)* erhalten Sie im jeweiligen Visitors Bureau der Region.

ZIPLINING

Ungewöhnliche Perspektiven und reichlich Adrenalin verspricht der neueste Trendsport: In einem Klettergurt sausen Sie beim Ziplining an langen Drahtseilen über Schluchten und Berghänge. Sichere Start- und Landepunkte sind feste Plattformen, zwischen denen die Seile verlaufen. Die spektakuläre Natur des Südwestens bietet dafür die perfekten Kulissen. Skigebiete wie *Park City* und Vail haben gute Ziplines, aber auch Orte wie *Flagstaff* oder *Sedona*. Und sogar bei *Las Vegas* können Sie Ziplinen: durch einen Wüstencanyon und sogar zwischen den Kasinos an der Main Street. Weitere Tipps: *www.ziplinerider.com.*

MIT KINDERN UNTERWEGS

Noch eine rote Schlucht und noch ein Aussichtspunkt nach drei Stunden Fahrt sind für Kinder absolut öde. Auch ein Besuch in den oft tristen Reservatsdörfern enttäuscht meist die jungen Karl-May-Leser. Viel spannender sind halbtägige Raftingtouren, Radausflüge oder ein Ausritt mit echten Cowboys auf einer Ranch.

Ab einem Alter von drei bis vier Jahren können Sie Ihre Kinder schon auf eine Reise nach Amerika mitnehmen. Die Amerikaner sind höchst kinderfreundlich und reisen auch selbst viel mit der Familie. Die Infrastruktur ist entsprechend: Im Lokal gibt es spezielle Kinderteller und natürlich Kindersitze. Hotels bieten – meist ohne Aufpreis – separate Kinderbetten an, und zu vielen Motels gehört neben einem Pool auch ein Planschbecken für die Kleinsten. Größere Kinder erfreuen sich eher am kostenlosen Wlan für den Kontakt zu den Freunden zu Hause. Babysitter werden in Ferienanlagen und Hotels ohne Probleme vermittelt, und die meisten Museen haben spezielle Programme für Kids (dafür sollten allerdings die Eltern etwas Englisch sprechen).

Gut zu wissen, wenn Sie ein Auto mieten wollen: Kindersitze sind in Amerika nicht nur selbstverständlich, sondern sogar Pflicht und werden auf Anfrage von allen Mietwagenfirmen gestellt. Eine Reise per Wohnmobil ist für Kinder besonders schön, denn das Fahrzeug schafft eine vertraute, gleichbleibende Umgebung, und das Camperleben mit Lagerfeuer, Wüstennatur hautnah und viel Bewe-

Bild: Siegfried & Roys weiße Tiger im Mirage, Las Vegas

Tyrannosaurus & Taranteln: Das Land der Dinos, der Cowboys und Indianer birgt viel Abwechslung für die Kleinen

gung lässt die Ferien im Canyonland bestimmt zum Erfolg werden.

LAS VEGAS

ADVENTURE DOME (136 A2) *(⌖ C5)*
Vergnügungspark mit Achterbahn und Kletterwand. Besonders schön: die Wildwasserfahrt. Viele Attraktionen auch für Kleinere: Karussell, Minigolf und Clownshows. *Mo–Do 11–18 Uhr, Fr–So meist länger geöffnet | Eintritt 30 $, Kinder 17 $ | im Circus-Circus | 2880 Las Vegas Blvd. S*

LIED DISCOVERY CHILDREN'S MUSEUM (136 A2) *(⌖ C5)*
Pädagogisch sehr gut gestaltetes Kindermuseum für alle Altersgruppen. Die Welt der Wissenschaft wird bei oft sehr verblüffenden Experimenten und Vorführungen dargestellt. Sehr gut: die *Eco City* zum Thema nachhaltiges Leben in der Stadt. *Juni–Aug. Mo–Sa 10–17, So 12–17, Sept.–Mai Di–Fr 9–16, Sa 10–17, So 12–17 Uhr | Eintritt 12 $ | 360 Promenade Place | www.discoverykidslv.org*

SIEGFRIED & ROY'S SECRET GARDEN & DOLPHIN HABITAT (136 A2) (*M C5*)

Die Zauberer sind im Ruhestand, doch ihre berühmten Tiger und Löwen können Sie besuchen. Dazu eine Lagune mit Delphinen. *Tgl. 11–18.30, Sa/So ab 10 Uhr | Eintritt 20 $, Kinder 11 $ | im Mirage | 3400 Las Vegas Blvd. S*

STRATOSPHERE TOWER
(136 A2) (*M C5*)

Eine beliebte Mutprobe insbesondere für die älteren Kids: Auf der Spitze des 350 m hohen Kasinoturms wird man mit dem *Big Shot* noch weitere 50 m hochgeschleudert und kommt im freien Fall wieder herab. Toll ist auch die Fahrt *Insanity,* bei der sich die Besucher frei über dem Abgrund drehen.
Und für 110 $ darf man beim *SkyJump* sogar über die Kante des Turms springen und 108 Stockwerke in die Tiefe stürzen. Kontrolliert natürlich, und ohne sich die Knochen zu brechen. *So–Do 10–1 Uhr, Fr/Sa 10–2 Uhr | Eintritt 18 $, Kinder 10 $, Fahrten je 15 $ | 2000 Las Vegas Blvd. S | www.stratospherehotel.com*

ARIZONA

GOLFLAND SUNSPLASH
(137 D4) (*M E7*)

Drei Minigolfplätze, dazu ein Abenteuerschwimmbad mit zehn Wasserrutschen und eine Gokartbahn. *Im Sommer Mo–Fr 10–23, Sa 10–24, So 12–22 Uhr | Eintritt ab 30 $, Kinder ab 20 $ | 155 W Hampton Ave. | Phoenix/Mesa | www.golfland.com*

I.D.E.A. MUSEUM (137 D4) (*M E7*)

Ein Kindermuseum, in dem besonders Phantasie und Kreativität gefördert werden: Hier können die Kleinen nach Herzenslust Holz bearbeiten, Skulpturen aus Lehm und Pappe basteln etc. *Di–So 9–16,* *So ab 12 Uhr | Eintritt 7 $ | 150 W Pepper Place | Phoenix/Mesa*

RAWHIDE (137 D4) (*M E7*)

Ein nachgebautes Wildweststädtchen im Gila-Indianerreservat. Mit Streichelzoo, Kutschfahrten und aufregenden Stuntshows. *Mi–Fr 17–22, Sa/So ab 12 Uhr | Eintritt frei | 5700 WN Loop Rd. | Phoenix/Chandler | www.rawhide.com*

INSIDER TIPP ▶ SALT RIVER RECREATION
(137 D4) (*M E7*)

Herrlich erfrischend: In alten Autoschläuchen lassen Sie sich auf dem Salt River durch die Berge treiben. *17 $ pro Person, ab 8 Jahre | 9200 N Bush Hwy. | Phoenix/Mesa | www.saltrivertubing.com*

UTAH

GEORGE S. ECCLES DINOSAUR PARK
(133 D2) (*M E1*)

Dutzende lebensgroße Dinosaurier – vom riesigen *Tyrannosaurus Rex* bis zum gazellenähnlichen *Dryosaurus* – bevölkern diesen 20 000 m^2 großen Park. *Im Sommer Mo–Sa 10–20, So 10–18 Uhr | Eintritt 7 $, Kinder 5 $ | 1544 Park Blvd. | Ogden | www.dinosaurpark.org*

LAGOON AMUSEMENT PARK
(133 D2) (*M E2*)

Ein großer Vergnügungspark mit nachgebauter Pionierstadt, Postkutschen- und Bimmelbahnfahrten, mehreren Musikbühnen, Achterbahnen und einem großen Wasserpark. *Im Sommer tgl. ab 11 Uhr | Eintritt 48 $, Kinder 36 $ | Farmington bei Salt Lake City*

INSIDER TIPP ▸ **THANKSGIVING POINT**
(133 D3) (*M E2*)

Weitläufiger Komplex mit einer Farm, einem Pionierdorf und dem großen *Museum of Ancient Life*, das Dinosaurier und Mammute zeigt. Sehr gute Programme für Kinder – auch im Internet. *Mo–Sa 10–20 Uhr | Eintritt 15 $, Kinder 12 $ | I-15, Exit 287, Lehi | www.thanksgivingpoint.org*

NEW MEXICO

ALBUQUERQUE BIOPARK
(138 C3) (*M H6*)

Ein ganzer Tag ist mühelos rum: Aquarium, botanischer Garten und ein Zoo mit Schlangen und Taranteln warten am Ufer des Rio Grande. Viele Programme für Kinder. *Tgl. 9–17, Juni–Aug. Sa/So bis 18 Uhr | Eintritt 12,50 $, Kinder 4 $ | 2601 Central Ave. | Albuquerque | www.cabq. gov/culturalservices/biopark*

TINKERTOWN (138 C3) (*M H6*)

Schönes Museum auch für kleinere Kinder: geschnitzte Holzfiguren, eine Wildweststadt im Miniaturformat, ein Zirkus und eine Glasmauer aus 50 000 bunten Flaschen. *Im Sommer tgl. 9–18 Uhr | Eintritt 3,50 $, Kinder 1 $ | 121 Sandia Crest Rd. | Albuquerque | www.tinkertown.com*

COLORADO

MUSEUM OF WESTERN COLORADO
(133 F4) (*M G3*)

Dino-begeisterte Kids ab fünf Jahren dürfen im Sommer an echten Ausgrabungen teilnehmen – für einen halben oder ganzen Tag oder sogar an „Expeditionen" für drei Tage. Zumindest ein Elternteil mit Englischkenntnissen sollte auch dabei sein. Für nur Durchreisende gibt es tolle Dino-Ausstellungen im *Dinosaur Journey Museum (tgl. 9–17, im Winter Mo–Sa 10–16, So 12–16 Uhr | Eintritt 8,50 $, Kinder 5,25 $ | 550 Jurassic Court | Fruita). Grand Junction | Tel. 970 8 58 72 82 | www.museumofwesternco. com/dino-digs*

Adrenalinschub in luftiger Höhe: der Lagoon Amusement Park bietet Spaß für jedes Alter

EVENTS, FESTE & MEHR

Die Geschichte des Wilden Westens wird auf vielerlei Festivals gefeiert, mit nachgestellten Schießereien, Kostümparaden und Rodeos. Nicht verpassen sollten Sie eines der indianischen Powwow-Feste. In den Pueblos am Rio Grande können Sie – als respektvoller Zuschauer – an Festtagen den Ritualtänzen beiwohnen.

OFFIZIELLE FEIERTAGE

1. Jan.; 3. Mo im Jan. *Martin Luther King Jr. Day;* **3. Mo im Feb.** *President's Day;* **4. Mo im Mai** *Memorial Day;* **4. Juli** *Independence Day;* **24. Juli:** *Pioneer Day (UT);* **1. Mo im Aug.:** *Colorado Day (CO);* **1. Mo im Sept.** *Labor Day;* **2. Mo im Okt.** *Columbus Day;* **11. Nov.** *Veterans' Day;* **4. Do im Nov.** *Thanksgiving;* **25. Dez.** *Christmas*

FESTE & VERANSTALTUNGEN

FEBRUAR
Tucson (AZ): ▶ *Fiesta de los vaqueros,* Reiterspiele und große Parade erinnern Mitte Februar an die mexikanische Stadtgründung. *www.tucsonrodeo.com*

MÄRZ
Phoenix (AZ): Zu Monatsanfang richtet das Heard Museum den ▶ *Indian Fair and Market* aus, seit 1958 der beste Markt für Indianerkunst.

MÄRZ/APRIL
In vielen Pueblos am Rio Grande wird Ostern mit farbenprächtigen ▶ *Ritualtänzen* gefeiert.

MAI
Fiestas, Mariachi-Bands und Paraden finden in großer Zahl zum mexikanischen Unabhängigkeitstag, dem ▶ *Cinco de Mayo,* in Arizona und New Mexico (am Wochenende, der dem 5. Mai am nächsten ist) statt.

Kingman (AZ): Beim ▶ *Fun Run* auf der alten Route 66 gibt es Anfang Mai Hunderte von polierten Oldtimern zu bewundern. *www.azrt66.com*

Tombstone (AZ): Ende des Monats treffen sich alle Revolverhelden zu den ▶ *Wyatt Earp Days.*

JUNI
Telluride (CO): ▶ **INSIDER TIPP** *Bluegrass Festival*, vier Tage lang fiedeln Mitte des Monats die besten Countrygeiger Amerikas *(www.bluegrass.com)*.

▶ ⭐ *San Juan Feast Day* am 24. Juni mit Ritualtänzen in den Pueblos Cochiti, Taos und Acoma (NM)

Der Wilde Westen lebt: Rodeos, indianische Powwows und Jahrmärkte sind die beliebtesten Feste im Südwesten

Aspen (CO): Ende Juni–Mitte August geben beim ▶ *Aspen Music Festival* einige der weltbesten jungen Musiker klassische Konzerte. *www.aspenmusicfestival. com*

JULI
Viel Patriotismus zeigen die kleinen Westernorte wie Prescott (AZ), Durango oder Aspen (CO) am amerikanischen Nationalfeiertag (4. Juli).
Das von Robert Redford gegründete ▶ *Sundance Institute Outdoor Film Festival* zeigt Mitte Juli–Ende August Independentfilme in Salt Lake City (UT), Park City und Sundance Village. *www.sundance. org/festival*

AUGUST
Gallup (NM): Anfang August ▶ ⭐ *Intertribal Indian Ceremonial,* eines der größten Indianerfeste des Südwestens.
Santa Fe (NM): Monatsmitte ▶ *Indian Market*, der älteste Markt für Indianerkunst in den USA. *www.swaia.org*

SEPTEMBER
Window Rock (NM): ▶ *Navajo Nation Fair,* Powwow am Monatsanfang mit Rodeo und Miss-Navajo-Wahl. *www. navajonationfair.com*
Bonneville Salt Flats (UT): ▶ *World of Speed Races,* Autorennen in der Salzwüste bei Salt Lake City. *www.saltflats.com*
Taos (NM): ▶ *Feast of San Geronimo,* Ritualtänze und Pfahlklettern im Taos Pueblo (Monatsende)

OKTOBER
Albuquerque (NM): ▶ ⭐ *International Balloon Fiesta,* ein Himmel voller verrückter Heißluftballons zu Monatsanfang. *www.balloonfiesta.com*
Moab (UT): Am Monatsende zeigen die besten Mountainbiker ihr Können beim ▶ `INSIDER TIPP` *Annual Moab Ho-Down*.

DEZEMBER
▶ *Christmas Parades*. Besonders schön in Santa Fe (NM), Salt Lake City (UT) und in kleinen Orten wie Telluride oder Aspen

LINKS, BLOGS, APPS & MORE

LINKS

▶ www.byways.org Vom US-Verkehrsministerium gesponsert: Routenvorschläge zu besonders schönen Highways. Viele Links zu Karten und Routenabschnitten

▶ www.arizhwys.com Gut gemachte Website einer englischen Zeitschrift, die sich nur mit Arizona beschäftigt: Wandern, Geschichte, News, Reiserouten und vieles mehr

▶ www.ushikes.com Private, sehr gute Website mit detaillierten Beschreibungen vieler Wanderungen im Südwesten

▶ www.wunderground.com Alles über das aktuelle und zukünftige Wetter in Amerika – und das auf Deutsch

▶ www.lasvegassun.com Die Website der beliebten Tageszeitung: viel Inside-rinfos, Tipps zu Veranstaltungen, Nacht-leben, Kasinos und Poker

▶ www.marcopolo.de/usa-suedwest Interaktive Karten inklusive Planungsfunk-tion, Impressionen aus der Community, aktuelle News und Angebote …

BLOGS & FOREN

▶ www.azcentral.com Wie viele der Tageszeitungen in USA unterhält die größte Zeitung in Phoenix zahlreiche Blogs und Infosparten über aktuelle Themen der City (in Englisch). Dazu Restaurant- und Nightlifetipps

▶ www.phoenixnewtimes.com, www.lasvegasweekly.com, www.westword. com Stadtmagazine aus den Metropolen: Musik, Stars, Restaurants, regionale Politik. Zahlreiche Blogs zu Szene und Musik. Ankündigung und Diskussion von Mo-detrends und Vernissagen (in Englisch)

▶ utahscanyoncountry.wordpress. com Englischer Blog mit Fotos, Hin-tergründen und Erlebnissen aus dem Canyonland im Süden Utahs

APPS

▶ Live Nation App der Ticketzentrale für Konzerttouren großer Stars und Hunderte von Clubs und Konzertbüh-nen in den Metropolen, aber auch in

Egal, ob Sie sich auf Ihre Reise vorbereiten oder vor Ort sind: Mit diesen Adressen finden Sie noch mehr Informationen, Videos und Netzwerke, die Ihren Urlaub bereichern.

APPS

vielen kleinen Städten. Mit Facebook-Dienst: www.facebook.com/LiveNation

▶ OpenTable Sehr nützlich und umfassend – wie auch die Website www.opentable.com – für Restaurantreservierungen vor allem in größeren Städten. Lokalreservierungen sind auch ganz kurzfristig möglich

▶ Garfield County Interactive Tour Kostenlose App für die touristische Region rund um den Bryce Canyon Nationalpark

VIDEOS & STREAMS

▶ www.5min.com Umfangreiche Videopedia mit guter Auswahl auch an kurzen Filmen über den Südwesten – gelistet unter *travel* und einer Suche unter dem jeweiligen Staatsnamen

▶ www.dailymotion.com Videoplattform mit vielen Filmen – professionell und von Amateuren – zu Themen aus dem Südwesten. Suchen Sie nach englischen Stichworten wie *Arizona hiking*

▶ www.abc15.com Radio- und Fernsehstation aus Phoenix mit aktuellen Videoclips, Wetterbericht und Nachrichten aus ganz Arizona

NETWORK

▶ www.usa-stammtisch.de Privates deutsches Forum mit vielen Themen von ganz Amerika. Fotos, Tipps, Erfahrungen, Hilfe bei der Reiseplanung von anderen Community-Mitgliedern

▶ www.airbnb.com Gute Buchungszentrale für Privatunterkünfte und *homestays* in vielen Orten des Südwestens. Die Übernachtungspreise liegen meist bei 30–100 $

▶ www.9flats.com Etwas teurere, von privat vermietete Unterkünfte. Oft sehr gepflegte Häuser, Apartments etc. für Aufenthalte von mehreren Tagen oder auch Wochen

▶ de.foursquare.com Social-Media-Netzwerk für Reisende, in dem man Tipps von anderen Mitgliedern abruft und austauscht

PRAKTISCHE HINWEISE

ANREISE

✈ Verschiedene Fluggesellschaften wie *United Airlines, American, Delta* und andere amerikanische Airlines bieten gute Umsteigeverbindungen in den Südwesten. Die reine Flugzeit z. B. nach Phoenix beträgt etwa 12 Stunden. Daneben gibt es Charterflüge, z. B. mit *Condor* nach Las Vegas. In der Hochsaison im Sommer zahlen Sie etwa 900–1400, in der Nebensaison rund 600–900 Euro. Die wichtigsten Einreiseflughäfen für den Südwesten sind Phoenix, Las Vegas, Denver und Albuquerque. Dort finden Sie auch alle großen Mietwagenfirmen sowie Wohnmobilvermieter. Taxis und Airportbusse zur Innenstadt sind überall verfügbar.

GRÜN & FAIR REISEN

Auf Reisen können auch Sie mit einfachen Mitteln viel bewirken. Behalten Sie nicht nur die CO_2-Bilanz für Hin- und Rückflug im Hinterkopf *(www.atmosfair.de)*, sondern achten und schützen Sie auch nachhaltig Natur und Kultur im Reiseland *(www.gate-tourismus.de; www.zukunft-reisen.de; www.ecotrans.de)*. Gerade als Tourist ist es wichtig, auf Aspekte zu achten wie Naturschutz *(www.nabu.de; www.wwf.de)*, regionale Produkte, Fahrradfahren (statt Autofahren), Wassersparen und vieles mehr. Wenn Sie mehr über ökologischen Tourismus erfahren wollen: europaweit *www.oete.de*; weltweit *www.germanwatch.org*

AUSKUNFT

Die Verkehrsämter bieten oft sehr gute Websites, teils sogar auf Deutsch mit Videos, Blogs und mobilen Apps zum Download an. Sie können sich aber auch vorab von den Verkehrsämtern Reiseinformationen zusenden lassen. Während des Urlaubs helfen die *Visitors Centers* der größeren Städte und – in den kleinen Orten – die *Chambers of Commerce* weiter.

Auch auf der offiziellen Tourismus-Website der USA *www.discoveramerica.com/de* finden Sie viele Ideen für eine gelungene Reise, allgemeine Tipps und sogar Videos zu den einzelnen Staaten und Aktivitäten. Schön: die interaktive Karte der USA mit vielen Detailinfos zu Städten und Parks.

FREMDENVERKEHRSAMT ARIZONA
Luisenstr. 4 | 30159 Hannover | Tel. 8 99 89 00 | info@kaus.info

FREMDENVERKEHRSAMT COLORADO UND UTAH
c/o Get it Across Marketing | Neumarkt 33 | 50667 Köln | Tel. 0 221 47 67 12 12 | info@ getitacross.de | www.goutah.de, www.colorado.com/deutsch, www.visitutah.com

LAS VEGAS VISITORS AUTHORITY
c/o Aviareps Tourism | Josephspitalstr. 15 | 80331 München | Tel. 089 5 52 53 38 22 | www.visitlasvegas.de

FREMDENVERKEHRSAMT NEW MEXICO
c/o Mangum Hills Balfour | Maximilianstr. 54 | 80538 München | Tel. 089 2 32 32 65 15 | www.newmexico.org

Von Anreise bis Zoll

Urlaub Von Anfang bis Ende: die wichtigsten Adressen und Informationen für Ihre Reise in den Südwesten der USA

AUTO

Das Straßennetz im Südwesten ist sehr gut ausgebaut. Die *Höchstgeschwindigkeit* wird von den einzelnen Staaten festgesetzt: in Orten 25–35 Meilen/h (35–50 km/h), auf Landstraßen oft 55 Meilen/h (88 km/h), auf Autobahnen 65–75 Meilen/h (105–120 km/h).

Die *Verkehrsregeln* gleichen denen in Europa. Ausnahmen: Auf Autobahnen darf man auch rechts überholen und an Ampeln auch bei Rot nach rechts abbiegen. Schulbusse mit blinkender Warnanlage dürfen überhaupt nicht passiert werden – auch nicht aus der Gegenrichtung! An den sogenannten *3-way-* oder *4-way-stops* muss jedes Fahrzeug halten. Wer zuerst gehalten hat, darf zuerst weiterfahren. Bei *Pannen* wendet man sich immer zuerst an den Autovermieter.

BUS & BAHN

Nur die größeren Orte sind per Bus und Bahn gut zu erreichen. Auskunft über die Netzkarten von *Amtrak (USA Railpass/Far West Rail Pass)* für großflächige Reisen gibt es bei den Reisebüros oder unter *www. greyhound.com, deutsch.amtrak.com*.

CAMPING

Eine Tour durch den Südwesten ist ideal mit Wohnmobil oder Zelt. Die öffentlichen Campingplätze (10–25 $ pro Nacht) sind dabei meist die schönsten: Einfach ausgestattet mit Feuerstelle, Holzbänken, Wasserstellen und Plumpsklo, liegen sie oft naturnah an Seen in National oder State Parks. Reservierungen für die Parks und National Forests ermöglicht (gegen geringe Gebühr) die Website *www.reserveamerica.com*. Buchung von State Parks ist meist über die jeweilige Website des Einzelstaats möglich, z. B. für Utah unter *stateparks.utah.gov*. Private Plätze mit Duschen, kleinem Laden und oft sogar eigenem Pool finden Sie am Rand der Städte und außerhalb der Parks (15–35 $). Wildes Campen ist zwar – außer in den Parks – nicht verboten, wird aber in der Nähe von Orten nicht gern gesehen.

DIPLOMATISCHE VERTRETUNGEN

DEUTSCHES GENERALKONSULAT
6222 Wilshire Blvd., Suite 500 | Los Angeles | Tel. 323 9 30 27 03 | www.germany. info/losangeles

ÖSTERREICHISCHES GENERALKONSULAT
11859 Wilshire Blvd., Suite 501 | Los Angeles | Tel. 310 4 44 93 10 | www. austria-la.org

SCHWEIZER GENERALKONSULAT
11766 Wilshire Blvd., Suite 1400 | Los Angeles | Tel. 310 5 75 11 45 | www.eda. admin.ch/la

EINREISE

Deutsche, Österreicher und Schweizer benötigen einen gültigen, maschinenlesbaren Reisepass, aber für einen Aufenthalt bis zu 90 Tagen kein Visum. Für neu ausgestellte Pässe sind biometrische Daten notwendig. Neu ausgestellte Kinderpässe erfordern zudem ein Visum – besser ist es, für Kinder einen regulären Pass zu beantragen. Vor Reisebeginn müssen Sie sich im Internet für die Einreise registrieren und 14 $ Gebühr per Kreditkarte bezahlen: *esta.cbp.dhs.gov/esta.* Detaillierte Informationen zu Visa- und Einreisebestimmungen finden Sie unter *german.germany.usembassy.gov.*

GELD & KREDITKARTEN

Währung ist der amerikanische Dollar (= 100 Cents). Es gibt Banknoten *(bills)* zu 1, 2, 5, 10, 20, 50 und 100 $ sowie Münzen *(coins)* zu 1 ¢ *(penny)*, 5 ¢ *(nickel)*, 10 ¢ *(dime)*, 25 ¢ *(quarter)* und 1 $. Vorsicht: Alle Scheine sind gleich groß, von gleicher Farbe und unterscheiden sich nur im Aufdruck.

WÄHRUNGSRECHNER

€	US$	US$	€
1	1,37	1	0,73
2	2,75	2	1,45
3	4,10	3	2,20
5	6,85	5	3,65
7	9,50	7	5,10
10	13,70	10	7,30
25	34,25	25	18,25
75	103,00	75	55,00
100	137,00	100	73,00

Banken sind meist 10–15 Uhr geöffnet, sie wechseln aber meist keine ausländischen Währungen. Bargeld in US-Dollar ziehen Sie am besten mit der EC-Karte am Automaten.
Bestes Zahlungsmittel in ganz Amerika ist eine Kreditkarte (Mastercard, Visa), mit der Sie auch kleine Beträge an Tankstellen und in Läden begleichen, sowie etwas US-Bargeld für die Ankunft.
Weiteres Bargeld können sie mit EC-Karte und Pin an vielen Bankautomaten ziehen.

Reiseschecks in US-Dollar werden überall in Läden und Restaurants akzeptiert.

GESUNDHEIT

Die ärztliche Versorgung in den USA ist gut, aber teuer. Daher sollten Sie für die Reise unbedingt eine Auslandskrankenversicherung abschließen. Medikamente erhalten Sie in der *pharmacy*, Schmerzmittel und rezeptfreie Mittel bekommen Sie auch in den *drugstores*, die in den größeren Städten oft rund um die Uhr geöffnet sind.

INLANDSFLÜGE

Viele Fluggesellschaften *(United, American, Delta etc.)* bieten vergünstigte „Visit USA"-Tarife für Inlandsflüge an. Diese Tickets müssen bereits im Voraus von Europa aus gebucht werden. Am preiswertesten ist es meist, Inlandsflüge bereits mit dem Transatlantikticket zu kombinieren. Ebenfalls sehr günstig sind Inlandsflüge oft bei Regional- und Lowcost-Fluggesellschaften wie *Southwest Airlines, Frontier* oder *Scenic Airlines*, zu buchen über das Internet.

INTERNET & WLAN

Die Südweststaaten sind bestens vernetzt. Viele Hotels haben Ethernetanschluss im Zimmer oder Wlan (WiFi). Kosten: 10–12 $/Tag, **INSIDER TIPP** oft gibt es auch einen Gratis-Internetzugang in der Lobby. Für schnelles Surfen und zur Mail-Abfrage bieten sich *coffee shops* und Ketten wie Starbucks an oder Büroläden wie *Kinko's* (2–3 $/10 Min).

KLIMA & REISEZEIT

Der gesamte Südwesten wird von sonnenreichem, trockenem Kontinentalklima beherrscht, doch den gewaltigen Dimensionen der Region entsprechend gibt es ähnlich ausgeprägte Klimaunterschiede wie zwischen Nordafrika und den Alpen. Die beste Reisezeit für die Rocky Mountains in Colorado ist der Sommer – dann haben allerdings auch die Amerikaner Schulferien. In den wüstenhaften Süden, nach Arizona, reist man am besten im Frühjahr oder im Herbst.

Auch im Winter ist bei Tagestemperaturen um 15–25 Grad Celsius eine Tour durch Südarizona durchaus angenehm. Da jedoch anders als in Europa eine Klimabarriere wie die Alpen in Nordamerika fehlt, sind die Winter in den Rockies meist weitaus kälter als bei uns. Aber auch viel trockener – eine gute Voraussetzung für den legendären Pulverschnee in den Bergen von Utah und Colorado.

MASSEINHEITEN

1 inch = 2,54 cm, 1 foot = 30,48 cm, 1 mile = 1,61 km, 1 pint = 0,5 l, 1 gallon = 3,79 l, 1 pound = 453,6 g
33° F = 0° C, 50° F = 10° C, 68° F = 20° C, 77° F = 25° C, 95° F = 35° C
Bekleidungsgrößen Damen:
6 = 36, 8 = 38, 10 = 40, 12 = 42 etc.
Bekleidungsgrößen Herren:
36 = 46, 38 = 48, 40 = 50 etc.

MIETWAGEN & WOHNMOBILE

Mindestmietalter: 21–25 Jahre. Zur Anmiete genügt der nationale Führerschein, bei kleineren Firmen wird manchmal auch der internationale Führerschein verlangt. Leihwagen sind schon ab 250 $ pro Woche zu bekommen, doch Versicherungen und Steuern erhöhen den Preis. Daher ist es fast immer billiger und sicherer, Wagen oder Wohnmobil schon von zu Hause aus zu reservieren, wo im Preis meist eine unbegrenzte Kilometerzahl enthalten ist.

NOTRUF

Gebührenfreie Notrufnummer: *Tel. 911.* Auch der *operator 0* leitet Anrufe je nach Notlage an Polizei, Feuerwehr oder Notarzt weiter.

ÖFFNUNGSZEITEN

Läden sind meist Mo–Sa 9.30–18 Uhr geöffnet, die großen Shoppingmalls 10–21 und So 12–17 Uhr. *Drugstores* und Supermärkte in den größeren Orten haben auch abends und an Wochenenden geöffnet, teilweise sogar rund um die Uhr. Viele Kettenrestaurants, Tankstellen und *truckstops* (meist mit Laden und *coffee shop*) sind ebenfalls 24 Stunden geöffnet, und die Museen meist Di–Sa 9–17, So 13–17 Uhr.

POST

Das Porto für Luftpostbriefe und Postkarten nach Europa beträgt 1,15 $. Von größeren Städten aus müssen Sie damit rechnen, dass eine Karte etwa 5–6 Tage nach Europa braucht, aus dem Hinterland etwa 8–10 Tage. Postämter haben meist Mo–Fr 9–17 Uhr offen, größere Postämter auch Sa 9–12 Uhr.

STEUERN

Je nach Staat wird auf alle Einkäufe eine *sales tax* von 4 bis 7 Prozent aufgeschlagen. Dazu erheben einzelne Städte eigene Steuern, und im Hotel wird teilweise eine Übernachtungssteuer von einigen Prozent veranschlagt. Achtung: Alle Steuern werden erst beim Kauf berechnet, sind also z. B. auf der Speisekarte oder auf dem Preisschild im Laden noch nicht berücksichtigt.

STROM

110 Volt, 60 Hertz. Einen Adapter für den (umschaltbaren!) Fön oder Rasierapparat besorgen Sie sich am besten schon vor Ihrer Reise.

TELEFON & HANDY

Vorwahl nach Deutschland: *01149;* nach Österreich *01143;* in die Schweiz *01141.* Danach die Ortsvorwahl ohne die Null, dann die Nummer. Vorwahl in die USA: *001.*

Alle Telefonnummern in den USA sind siebenstellig. Dazu kommt für Ferngespräche noch eine dreistellige Vorwahl, der *area code.* Bei Ortsgesprächen

wählen Sie nur die Nummer, bei Ferngesprächen eine *1* sowie die Vorwahl vor der Nummer. Ortsgespräche aus der Telefonzelle kosten 25–50 ¢, bei Ferngesprächen gibt nach dem Wählen eine Computerstimme die Gebühr an. Vorsicht: Im Hotel werden oft horrende Aufschläge berechnet!

Triband- und Quad-Handys aus Europa funktionieren auch im Südwesten, aber nur in den Städten und gegen Aufpreis von bis zu 2 Euro je Minute. Preiswerter sind für Anrufe aus Telefonzellen oder im Hotel die an Kiosken und in kleinen Märkten erhältlichen *prepaid phone cards.* Für eine längere Reise können Sie vor Ort bei Netzbetreibern *(z. B. AT&T, t-mobile)* auch eine amerikanische Prepaid-Karte kaufen.

Bei allen Telefonproblemen hilft der *operator 0* weiter, er vermittelt auch

WETTER IN PHOENIX

	Jan.	Feb.	März	April	Mai	Juni	Juli	Aug.	Sept.	Okt.	Nov.	Dez.
Tagestemperaturen in °C	18	21	24	29	34	39	41	39	37	31	24	20
Nachttemperaturen in °C	1	4	7	10	14	19	24	23	20	12	5	3
Sonnenschein Stunden/Tag	7	9	10	12	12	14	11	12	11	10	9	7
Niederschlag Tage/Monat	3	3	2	1	0	1	3	3	2	2	2	3

PRAKTISCHE HINWEISE

R-Gespräche *(collect calls).* Eine andere Besonderheit sind die gebührenfreien Nummern mit der Vorwahl *800, 866, 877* oder *888,* über die Sie Hotels oder Mietwagen reservieren können.

TRINKGELD

Trinkgelder sind im Südwesten wie überall in den USA üblich. In städtischen Restaurants werden 15 Prozent des Rechnungsbetrags erwartet, in einfachen Lokalen etwas weniger, in Spitzenrestaurants sollten es – so Sie zufrieden waren – sogar 20 Prozent sein. Barkeeper bekommen in der Regel 1–2 $ pro Bestellung, die Kofferträger am Flughafen und im Hotel rund 1 $ je Gepäckstück, und für das Zimmermädchen lässt man bei der Abreise pro Aufenthaltstag rund 2 $ liegen.

ZEITZONEN

Arizona, Utah, New Mexico und Colorado haben *Mountain Standard Time,* die genau acht Stunden hinter der mitteleuropäischen Zeit zurückliegt (MEZ –8 h). In Las Vegas ist der Zeitunterschied eine Stunde größer, dort gilt wie in Nevada und in Kalifornien die *Pacific Standard Time* (MEZ –9 h). Wie in Europa wird die Uhr zur Sommerzeit um eine Stunde vorgestellt – Arizona aber bleibt (mit Ausnahme der Navajo-Reservation) auf Normalzeit, sodass dort im Sommer dieselbe Zeit wie in Kalifornien herrscht. Die Sommerzeit beginnt am zweiten Sonntag im März und endet am ersten Novembersonntag.

ZOLL

Pflanzen, Obst, Wurst und andere frische Lebensmittel dürfen in die USA generell nicht eingeführt werden. Erlaubt sind aber pro Erwachsenem 1,1 l Alkohol, 200 Zigaretten oder 50 Zigarren oder 2 kg Tabak und Geschenke im Wert von bis zu 400 Dollar.

WAS KOSTET WIE VIEL?

Bier	2,50–4,50 Euro *für ein Pint (ca. 0,5 l)*
Snack	1–3 Euro *für einen gefüllten Taco*
Steak	12–22 Euro *für ein Steak-Dinner*
Jeans	40–60 Euro *für ein Paar Levi's oder Wrangler*
Radmiete	18–27 Euro *pro Tag für ein Mountainbike*
Benzin	3 Euro *für eine Gallone (3,78 l) bleifreies Benzin (unleaded)*

Bei der Rückreise in die EU können Urlauber Waren mit einem Gesamtwert von 430 Euro zollfrei einführen (Reisende unter 15 Jahren bis 175 Euro). Die Obergrenzen für Tabak und Spirituosen pro Erwachsenen bleiben bestehen: 1 l Alkohol über 22 Prozent; 200 Zigaretten oder 100 Zigarillos oder 50 Zigarren oder 250 g Tabak. Zusätzlich erlaubt: 4 l nicht schäumende Weine und 16 l Bier. Die Freimengen gelten wie bisher pro Person und dürfen nicht addiert werden. Reist ein Paar, dann sind beispielsweise zwei außerhalb der EU zum Preis von je 400 Euro gekaufte Digitalkameras zollfrei. Bringt das Paar dagegen nur eine Digitalkamera mit, die aber mehr als 430 Euro kostet, dann ist an der Grenze Zoll fällig. Weitere Informationen erhalten Sie unter: *www.zoll.de.*

SPRACHFÜHRER ENGLISCH

AUSSPRACHE

Zur Erleichterung der Aussprache sind alle Begriffe und Wendungen mit einer einfachen Umschrift in eckigen Klammern versehen. Folgende Zeichen sind Sonderzeichen:

θ   wie [s], gesprochen nur mit der Zungenspitze zwischen den Zähnen
ə   nur angedeutetes „e" wie am Ende von „Bitte", immer ohne Betonung
'   Betonung liegt auf der folgenden Silbe

AUF EINEN BLICK

ja/nein/vielleicht	yes [jess]/no [nou]/maybe ['meybih]
bitte/danke	please [plihs]/thank you ['θänkju]
Entschuldige!	Sorry! [ssorri]
Entschuldigen Sie!	Excuse me, please! [iks'kjuhs mih, plihs]
Darf ich ...?	May I ...? [mey ai?]
Wie bitte?	Pardon? ['pahdn?]
Ich möchte .../	I'd like to ... [aid laik tu ...]/
Haben Sie ...?	Do you have ...? [dju häf ...]
Wie viel kostet ...?	How much is ...? ['hau matsch is ...]
Das gefällt mir/nicht.	I love it. [ai laf it]/I don't like it. [ai dount laik it]
gut/schlecht	good [gud]/bad [bäd]
kaputt/funktioniert nicht	broken/doesn't work [broukən/dasnt wöək]
(zu) viel/wenig	(too) much [(tuh) matsch]/(too) little [(tuh) litl]
Hilfe!/Achtung!/Vorsicht!	Help!/Watch out!/Caution! [hälp][watsch aut][kahschn]
Krankenwagen/Notarzt	ambulance ['ämbjulənz]/paramedics [pärə'mediks]
Polizei/Feuerwehr	police [po'lihs]/fire department [faiə depahtment]
Gefahr/gefährlich	danger ['deyndschə]/dangerous ['deyndschərəs]

BEGRÜSSUNG UND ABSCHIED

Gute(n) Morgen!/Tag!/Abend!/Nacht!	Good morning! [gud 'moəning]/day! [dey]/evening! ['ifning]/night! [nait]
Hallo!/Auf Wiedersehen!	Hi! [hai]/(Good) Bye! [(gud) bai]
Tschüss!	See you! [ssih juh]
Ich heiße ...	I'm ... [aim ...]/My name is ... [mai 'näims ...]
Wie heißt du/heißen Sie?	What's your name? [wots joə 'näim]
Ich komme aus ...	I'm from ... [aim from ...]

Do you speak American English?

„Sprichst du Englisch?" Dieser Sprachführer hilft Ihnen, die wichtigsten Wörter und Sätze auf Englisch zu sagen

DATUMS- UND ZEITANGABEN

Montag/Dienstag	Monday ['mandey]/Tuesday ['tjuhsdey]
Mittwoch/Donnerstag	Wednesday ['wensdey]/Thursday ['θöösdey]
Freitag/Samstag	Friday ['fraidey]/Saturday ['ssätədey]
Sonntag/Feiertag	Sunday ['ssandey]/holiday ['holidey]
heute/morgen/	today [tə'dey]/tomorrow [tə'morou]/
gestern	yesterday ['jestədey]
Stunde/Minute	hour ['auə]/minute ['minit]
Tag/Nacht/Woche	day [dey]/night [nait]/week [wihk]
Wie viel Uhr ist es?	What time is it? [wət 'taim is it]
Es ist drei Uhr.	It's three o'clock. [its θrih əklok]

UNTERWEGS

offen/geschlossen	open [oupən]/closed [klousd]
Eingang/Ausgang	entrance ['entrənts]/exit ['eksit]
Ankunft/Abflug	arrival [ə'raiwl]/departure [di'pahtschə]
Toiletten/Damen/Herren	restrooms ['restruhms]/ladies [leydihs]/men [men]
(kein) Trinkwasser	(no) drinking water [(nou) drinkin wohtə]
Wo ist ...?/Wo sind ...?	Where is ...? [weə is ...]/Where are ...? [weə ah ...]
links/rechts	left [läft]/right [rait]
geradeaus/zurück	straight ahead [sstreyt ə'hed]/back [bäk]
nah/weit	close [klous]/far [fah]
Taxi	Taxi [taksi]/cab [käb]
Bushaltestelle/Taxistand	bus stop [bass sstop]/cab stand [käb sständ]
Parkplatz/	parking lot ['pahkin lot]/
Parkhaus	parking garage ['pahkin ga'rahsch]
Stadtplan/Landkarte	city map ['ssiti mäp]/road map [roud mäp]
Bahnhof/Hafen	train station [treyn ssteyschn]/harbor ['hahbə]
Flughafen	airport ['eahpoət]
Fahrplan/Fahrschein	timetable [taimteybl]/ticket ['tiket]
Zuschlag	additional fare [ə'dischənəl feəh]
einfach/hin und zurück	one way [wan wey]/round trip [raund trip]
Ich möchte ... mieten.	I want to rent ... [ai wont tu rent ...]
ein Auto/ein Fahrrad	a car [ə kah]/a bike [ə baik]
ein Boot	a boat [ə bout]
ein Wohnmobil	a motorhome [ə 'moutəhoum]/
	RV (recreational vehicle) [ar'wih]
Tankstelle	gas station [gäss ssteyschn]
Benzin/Diesel	gas [gäss]/diesel [dihsl]
Panne/Werkstatt	breakdown ['breykdaun]/repair shop [ri'peə schop]

ESSEN UND TRINKEN

Reservieren Sie uns bitte für heute Abend einen Tisch für vier Personen.	Would you please make a reservation for a table of four for tonight? [wud ju plihs meyk ə 'resəveyschən foa ə 'teybl əf 'foa foh tunait]
Die Speisekarte, bitte.	The menue, please. [ðe menju plihs]
Könnte ich ... haben?	Could I please have ...? [kud ai plihs häf ...]
Vegetarier(in)/Allergie	vegetarian [wedsche'tərian]/allergy ['älədschi]
Ich möchte zahlen, bitte.	Could I have the check, please? [kud ai häf ðə tschek plihs]

EINKAUFEN

Wo finde ich ...?	Where would I find ...? ['weə wud ai 'faind ...]
Ich möchte .../	I'd like ... [aid laik ...]/
Ich suche ...	I'm looking for ... [aim luking foə ...]
Apotheke/Drogerie	pharmacy ['fahməssi]/drugstore ['dragstoə]
Einkaufszentrum	shopping center ['schopping 'ssentə]
teuer/billig/Preis	expensive [iks'penssif]/cheap [tschihp]/price [praiss]
mehr/weniger	more [moə]/less [less]
aus biologischem Anbau	organically grown [or'gänikəli groun]

ÜBERNACHTEN

Ich habe ein Zimmer reserviert.	I've reserved a room. [aif ri'söəvd ə ruhm]
Haben Sie noch ein ...?	Do you still have a ...? [du ju sstil häf ə]
Einzelzimmer	single room [ssingl ruhm]
Doppelzimmer	room for two [ruhm foə tuh]
(Wohnmobil-)Stellplatz	stall [sstal]/space [sspeyss]
Frühstück/Halbpension	breakfast ['brekfəst]/European plan [juro'piən plän]
Vollpension	American plan [ə'märikan plän]/full board [ful boərd]
zum Meer/zum See	oceanfront [ouschnfrant]/lakefront [leykfrant]
Dusche/Bad	shower [schauə]/sit down bath [ssit daun bäə]
Balkon/Terrasse	balcony ['bälkoni]/terrasse ['terəss]
Schlüssel/Zimmerkarte	key [kih]/room access card [ruhm 'äksess kard]
Gepäck/Koffer/Tasche	luggage ['lagitsch]/suitcase ['ssuhtkeys]/bag [bäg]

BANKEN UND GELD

Bank/Geldautomat	bank [bänk]/ATM [ey ti em]
Geheimzahl	pin code [pin koud]
Ich möchte ... Euro wechseln.	I'd like to change ... Euro. [aid laik tə tscheynsch ... jurou]
bar/Kreditkarte	cash [käsch]/credit card [kredit kard]
Banknote/Münze	bill [bil]/coin [koin]

GESUNDHEIT

Arzt/Zahnarzt/ Kinderarzt	doctor ['doktə]/dentist ['dentist]/ pediatrician [pedia'trischən]
Krankenhaus/ Notfallpraxis	hospital ['hospitl]/ emergency clinic [i'mertschənsi 'klinik]
Fieber/Schmerzen	feaver [fihvə]/pain [peyn]
Durchfall/Übelkeit	diarrhea [daiə'ria]/sickness ['ssikness]
Sonnenbrand/-stich	sunburn ['ssanbörn]/sunstroke ['ssanstrouk]
Rezept	prescription [prəs'kripschən]
Schmerzmittel/Tablette	pain killer [peyn kilə]/pill [pill]

TELEKOMMUNIKATION & MEDIEN

Briefmarke/Brief	stamp [sstämp]/letter ['lettə]
Postkarte	postcard ['poustkahd]
Ich brauche eine Telefon- karte für Ferngespräche.	I need a phone card for long distance calls. [ai nihd ə foun kahd for long disstants kahls]
Ich suche eine Prepaid- Karte für mein Handy.	I'm looking for a prepaid-card for my cell phone. [aim luking foə a foun kahd foə mai ssell foun]
Wo finde ich einen Internetzugang?	Is there internet access here somewhere? [is θea 'internet 'äksess hiə 'ssamweə]
Brauche ich eine spezielle Vorwahl?	Do I need a special area code? [duh ai nihd a 'speschəl ärea koud]
Steckdose/Adapter/ Ladegerät	wall plug [wahl plag]/adapter [ə'däptə]/ charger [tschatschə]
Computer/Batterie/Akku/ WLAN	computer/battery/recharchable battery['bäteri] [re'tschahtschablə bäteri]/Wi-Fi ['waifai]

FREIZEIT, SPORT UND STRAND

Strand	beach [bihtsch]
Sonnenschirm/Liegestuhl	sun shade [ssan scheyd]/beach chair [bihtsch tschea]
Fahrrad-/Mofa-Verleih	bike ['baik]/scooter rental ['skuhtə rentəl]
Vermietladen	rental shop [rentəl schop]
Übungsstunde	lesson ['lessən]

ZAHLEN

1/2	a/one half [ə/wan 'hahf]		200	two hundred ['tuh 'handrəd]
1/4	a/one quarter [ə/wan 'kwohtə]		1000	(one) thousand [('wan) əausənd]
10	ten [tän]		2000	two thousand ['tuh əausənd]
20	twenty ['twänti]		5000	five thousand [faiw əausənd]
100	(one) hundred [('wan) 'handrəd]		10 000	ten thousand ['tän əausənd]

EIGENE NOTIZEN

MARCO ⊕ POLO

Unser Urlaub

Web • Apps • eBooks

Die smarte Art zu reisen

Jetzt informieren unter:

www.marcopolo.de/digital

Individuelle Reiseplanung,
interaktive Karten, Insider-Tipps.
Immer, überall, aktuell.

REISEATLAS

Die grüne Linie ▬▬▬ zeichnet den Verlauf der Ausflüge & Touren nach
Die blaue Linie ▬▬▬ zeichnet den Verlauf der Perfekten Route nach

Der Gesamtverlauf aller Touren ist auch in
der herausnehmbaren Faltkarte eingetragen

Bild: Im Glen Canyon National Park

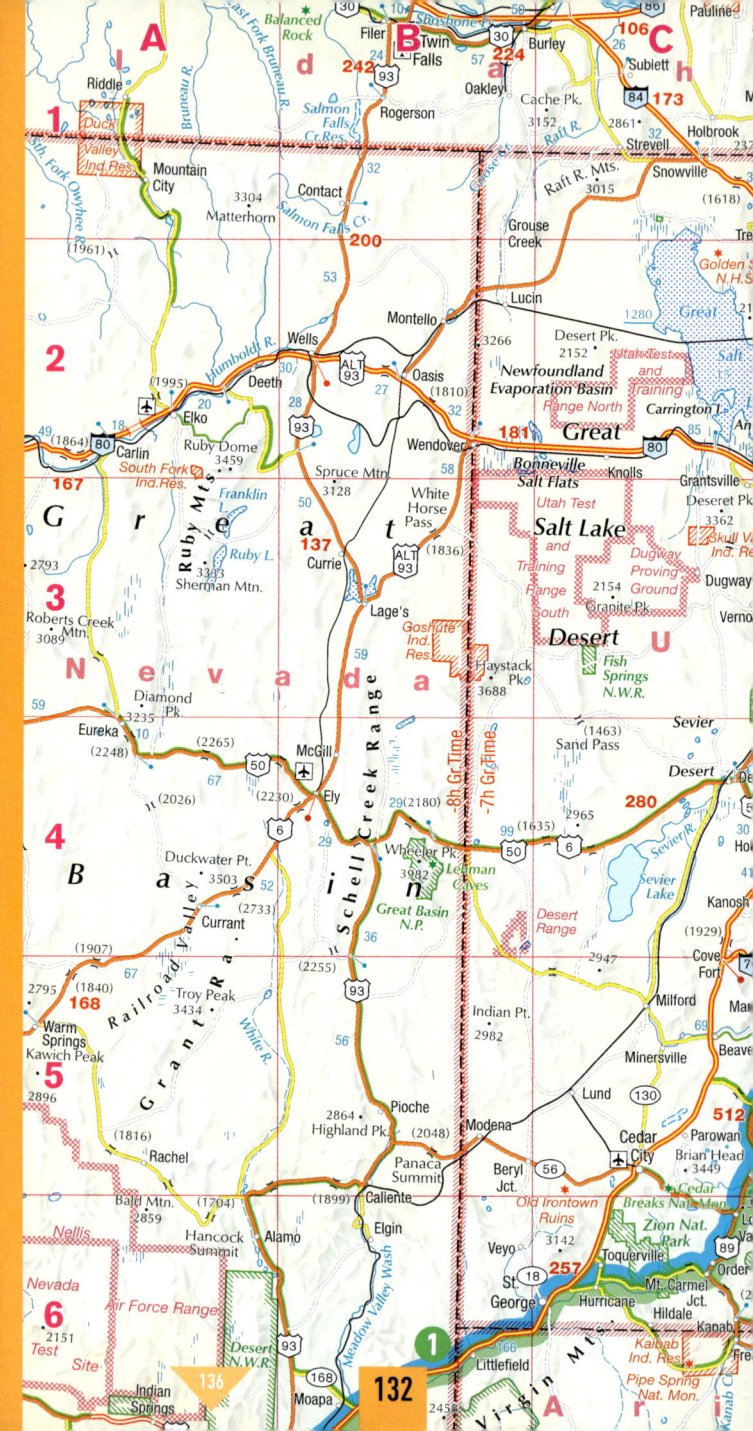

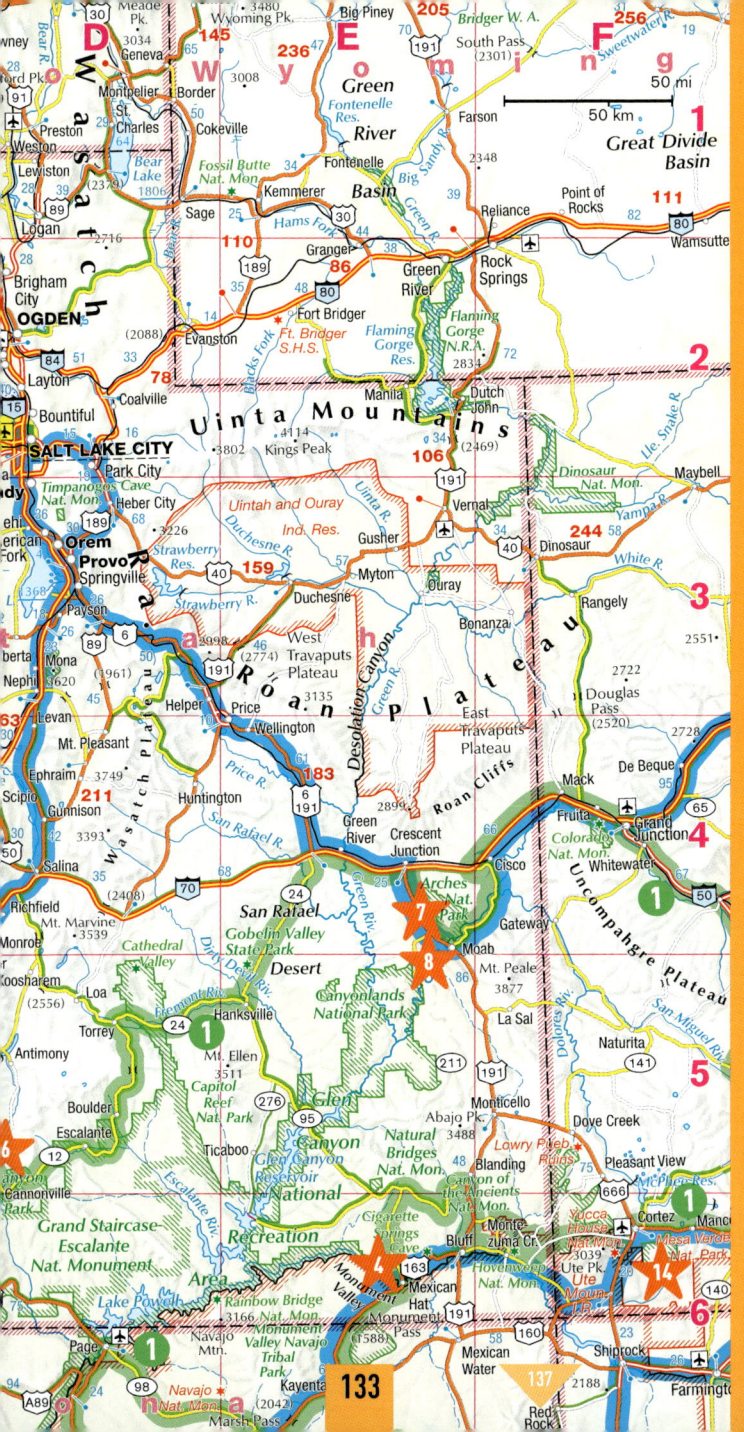

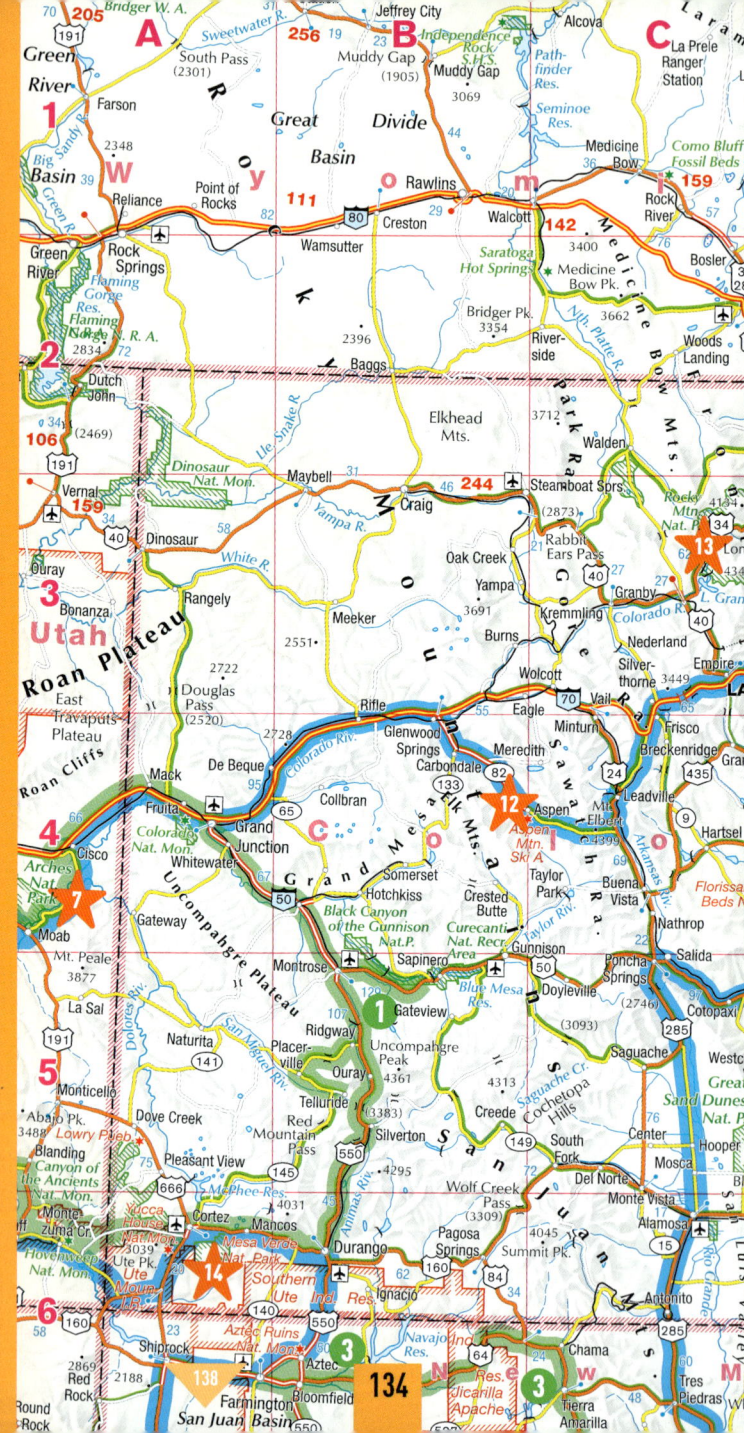

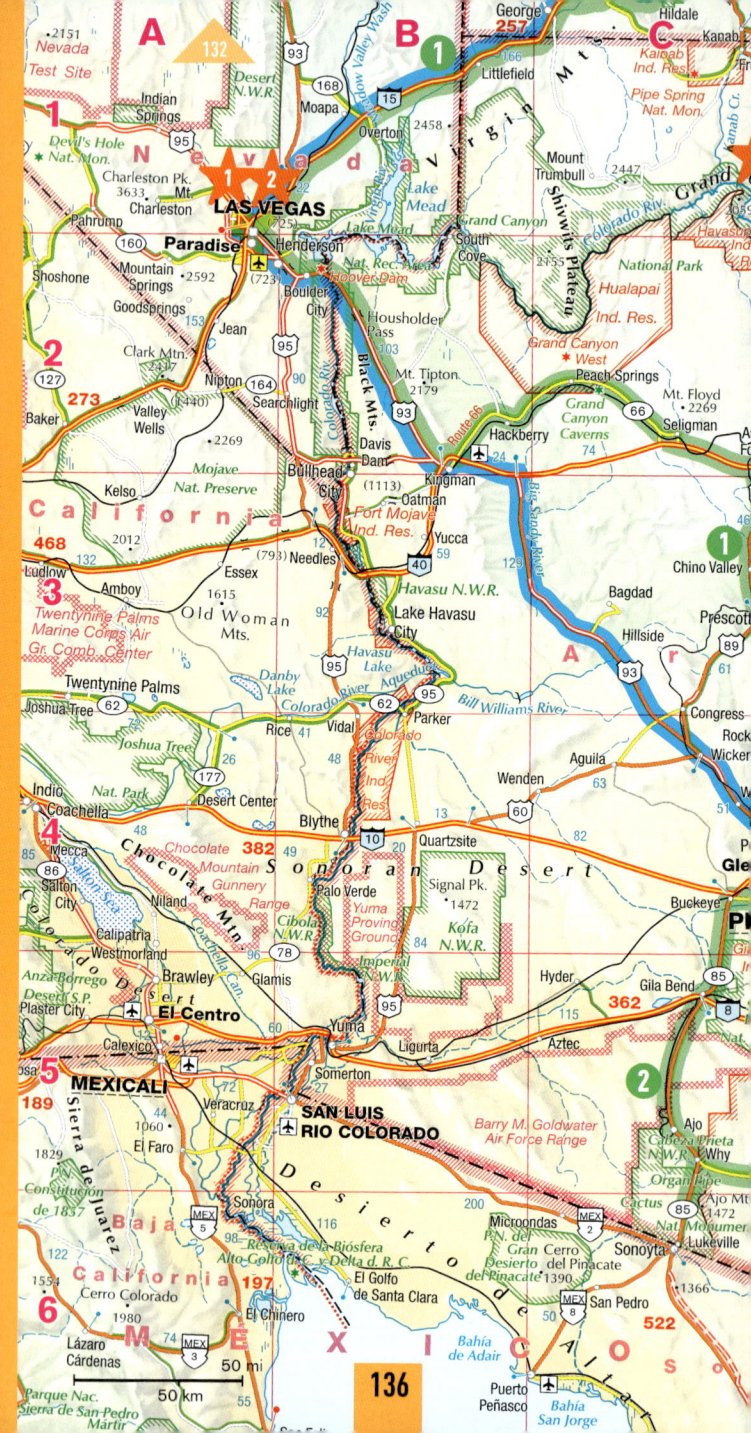

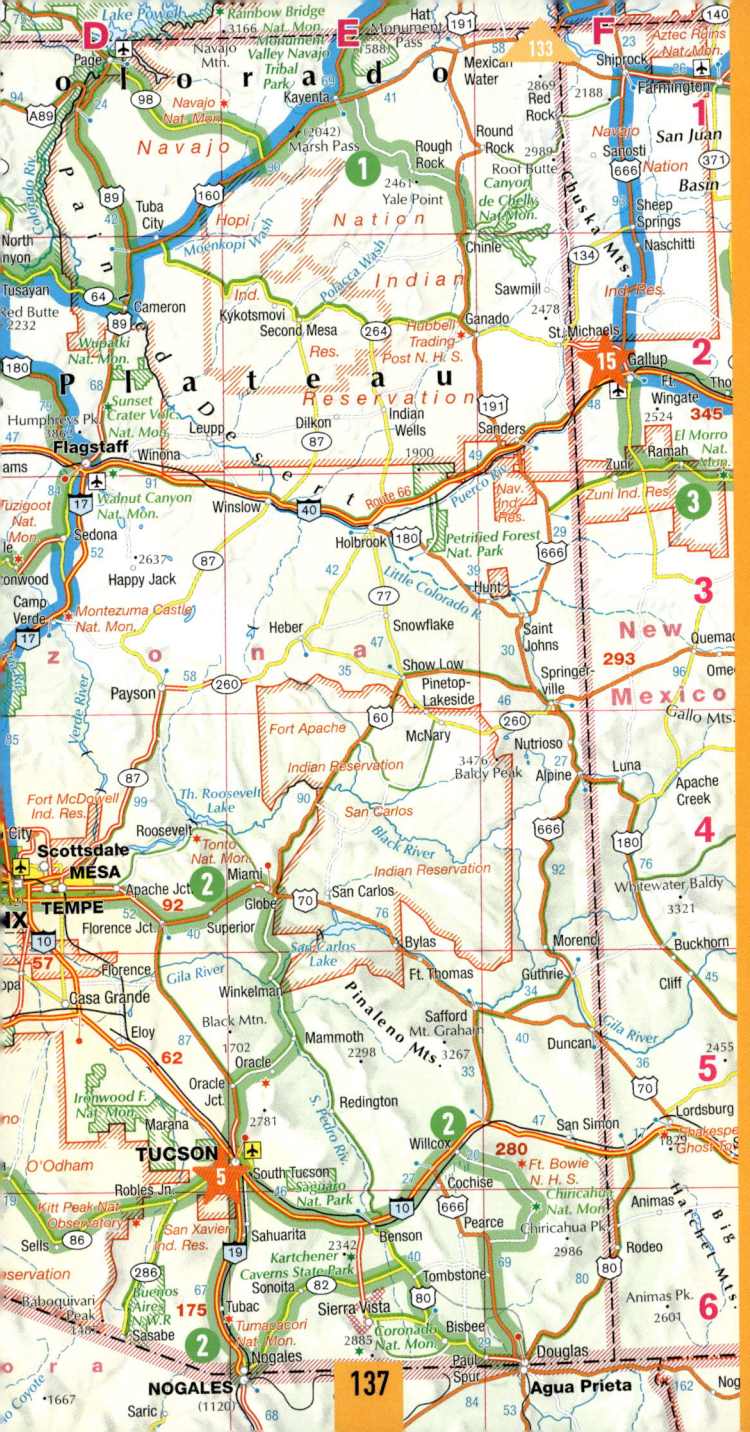

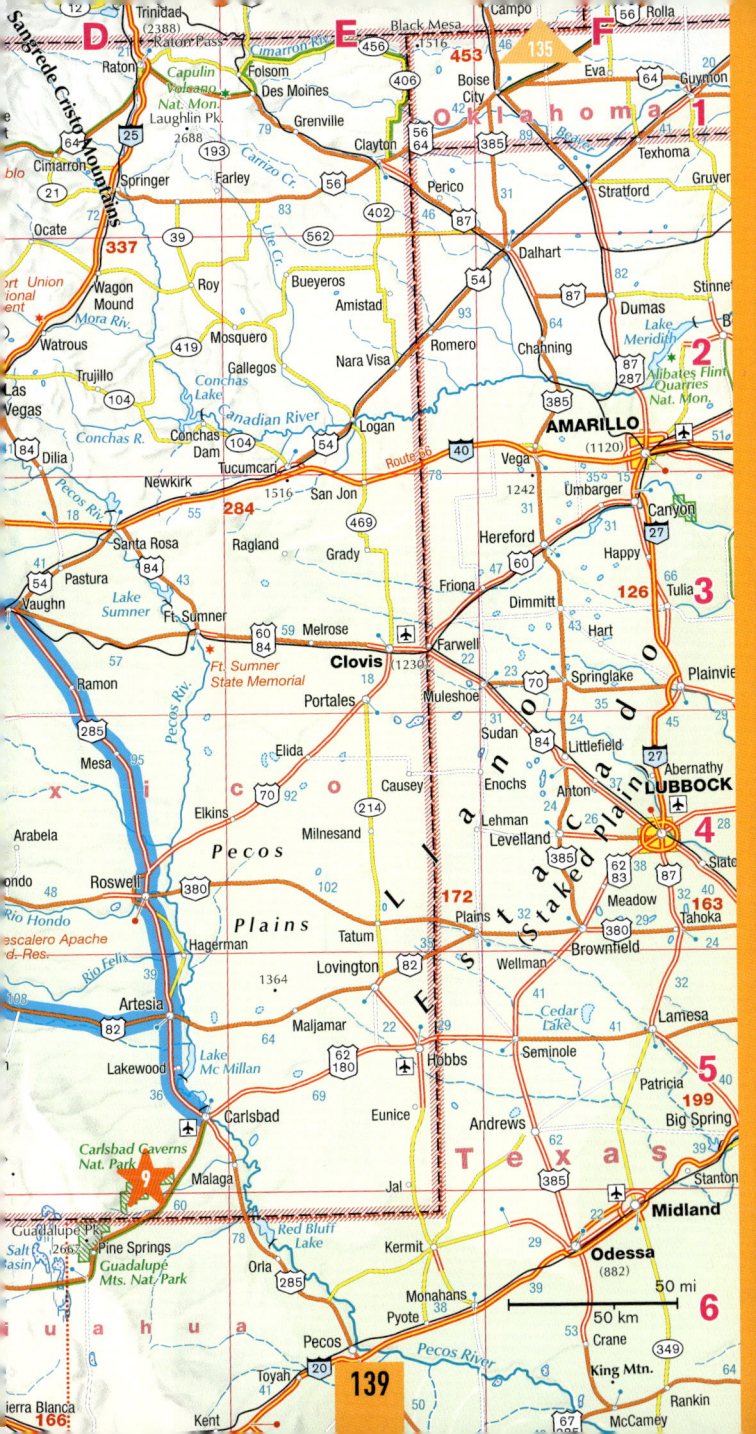

KARTENLEGENDE

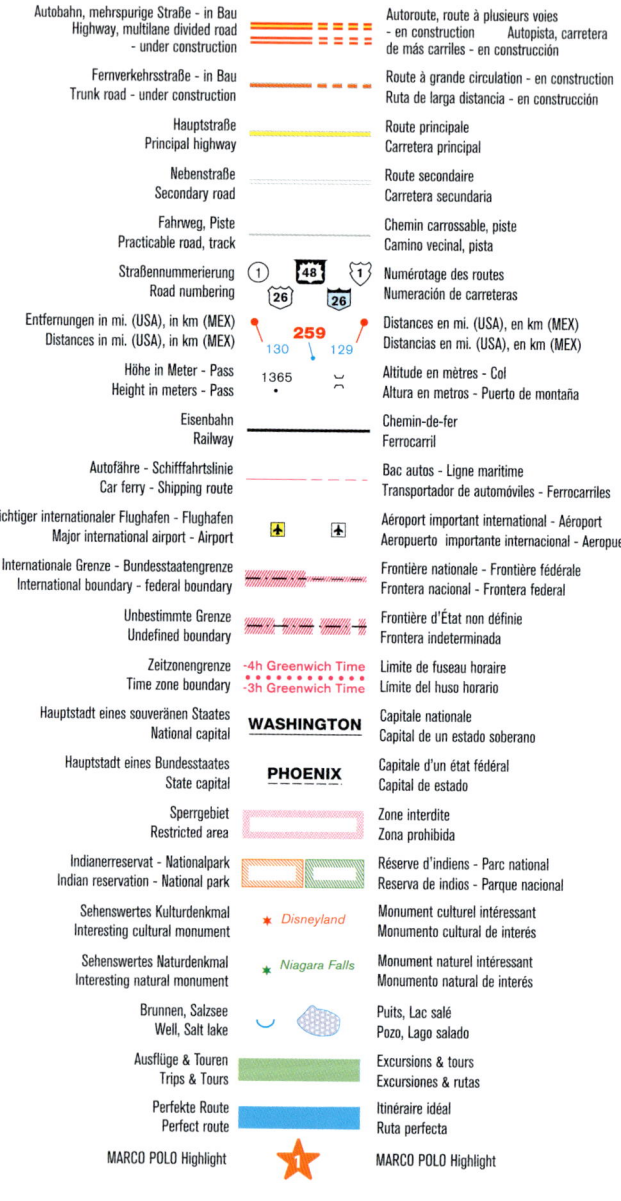

Autobahn, mehrspurige Straße - in Bau
Highway, multilane divided road - under construction

Autoroute, route à plusieurs voies - en construction Autopista, carretera de más carriles - en construcción

Fernverkehrsstraße - in Bau
Trunk road - under construction

Route à grande circulation - en construction
Ruta de larga distancia - en construcción

Hauptstraße
Principal highway

Route principale
Carretera principal

Nebenstraße
Secondary road

Route secondaire
Carretera secundaria

Fahrweg, Piste
Practicable road, track

Chemin carrossable, piste
Camino vecinal, pista

Straßennummerierung
Road numbering

Numérotage des routes
Numeración de carreteras

Entfernungen in mi. (USA), in km (MEX)
Distances in mi. (USA), in km (MEX)

Distances en mi. (USA), en km (MEX)
Distancias en mi. (USA), en km (MEX)

Höhe in Meter - Pass
Height in meters - Pass

Altitude en mètres - Col
Altura en metros - Puerto de montaña

Eisenbahn
Railway

Chemin-de-fer
Ferrocarril

Autofähre - Schifffahrtslinie
Car ferry - Shipping route

Bac autos - Ligne maritime
Transportador de automóviles - Ferrocarriles

Wichtiger internationaler Flughafen - Flughafen
Major international airport - Airport

Aéroport important international - Aéroport
Aeropuerto importante internacional - Aeropuerto

Internationale Grenze - Bundesstaatengrenze
International boundary - federal boundary

Frontière nationale - Frontière fédérale
Frontera nacional - Frontera federal

Unbestimmte Grenze
Undefined boundary

Frontière d'État non définie
Frontera indeterminada

Zeitzonengrenze
Time zone boundary

Limite de fuseau horaire
Límite del huso horario

Hauptstadt eines souveränen Staates
National capital

WASHINGTON

Capitale nationale
Capital de un estado soberano

Hauptstadt eines Bundesstaates
State capital

PHOENIX

Capitale d'un état fédéral
Capital de estado

Sperrgebiet
Restricted area

Zone interdite
Zona prohibida

Indianerreservat - Nationalpark
Indian reservation - National park

Réserve d'indiens - Parc national
Reserva de indios - Parque nacional

Sehenswertes Kulturdenkmal
Interesting cultural monument

Disneyland

Monument culturel intéressant
Monumento cultural de interés

Sehenswertes Naturdenkmal
Interesting natural monument

Niagara Falls

Monument naturel intéressant
Monumento natural de interés

Brunnen, Salzsee
Well, Salt lake

Puits, Lac salé
Pozo, Lago salado

Ausflüge & Touren
Trips & Tours

Excursions & tours
Excursiones & rutas

Perfekte Route
Perfect route

Itinéraire idéal
Ruta perfecta

MARCO POLO Highlight

MARCO POLO Highlight

FÜR IHRE NÄCHSTE REISE ...

ALLE **MARCO POLO** REISEFÜHRER

DEUTSCHLAND

Allgäu
Bayerischer Wald
Berlin
Bodensee
Chiemgau/
  Berchtesgadener
  Land
Dresden/
  Sächsische
  Schweiz
Düsseldorf
Eifel
Erzgebirge/
  Vogtland
Föhr/Amrum
Franken
Frankfurt
Hamburg
Harz
Heidelberg
Köln
Lausitz/
  Spreewald/
  Zittauer Gebirge
Leipzig
Lüneburger Heide/
  Wendland
Mecklenburgische
  Seenplatte
Mosel
München
Nordseeküste
  Schleswig-
  Holstein
Oberbayern
Ostfriesische Inseln
Ostfriesland/
  Nordseeküste
  Niedersachsen/
  Helgoland
Ostseeküste
  Mecklenburg-
  Vorpommern
Ostseeküste
  Schleswig-
  Holstein
Pfalz
Potsdam
Rheingau/
  Wiesbaden
Rügen/Hiddensee/
  Stralsund
Ruhrgebiet
Sauerland
Schwarzwald
Stuttgart
Sylt
Thüringen
Usedom
Weimar

ÖSTERREICH SCHWEIZ

Berner Oberland/
  Bern
Kärnten
Österreich
Salzburger Land
Schweiz
Steiermark
Tessin
Tirol
Wien
Zürich

FRANKREICH

Bretagne
Burgund
Côte d'Azur/
  Monaco
Elsass
Frankreich
Französische
  Atlantikküste
Korsika
Languedoc-
  Roussillon
Loire-Tal
Nizza/Antibes/
  Cannes/Monaco
Normandie
Paris
Provence

ITALIEN MALTA

Apulien
Dolomiten
Elba/Toskanischer
  Archipel
Emilia-Romagna
Florenz
Gardasee
Golf von Neapel
Ischia
Italien
Italienische Adria
Italien Nord
Italien Süd
Kalabrien
Ligurien/Cinque
  Terre
Mailand/
  Lombardei
Malta/Gozo
Oberital. Seen
Piemont/Turin
Rom
Sardinien
Sizilien/Liparische
  Inseln
Südtirol
Toskana
Umbrien
Venedig
Venetien/Friaul

SPANIEN PORTUGAL

Algarve
Andalusien
Barcelona
Baskenland/
  Bilbao
Costa Blanca
Costa Brava
Costa del Sol/
  Granada
Fuerteventura
Gran Canaria
Ibiza/Formentera
Jakobsweg/
  Spanien
La Gomera/
  El Hierro
Lanzarote
La Palma
Lissabon
Madeira
Madrid
Mallorca
Menorca
Portugal
Spanien
Teneriffa

NORDEUROPA

Bornholm
Dänemark
Finnland
Island
Kopenhagen
Norwegen
Oslo
Schweden
Stockholm
Südschweden

WESTEUROPA BENELUX

Amsterdam
Brüssel
Cornwall und
  Südengland
Dublin
Edinburgh
England
Flandern
Irland
Kanalinseln
London
Luxemburg
Niederlande
Niederländische
  Küste
Schottland

OSTEUROPA

Baltikum
Budapest
Danzig
Krakau
Masurische Seen
Moskau
Plattensee
Polen
Polnische
  Ostseeküste/
  Danzig
Prag
Slowakei
St. Petersburg
Tallinn
Tschechien
Ukraine
Ungarn
Warschau

SÜDOSTEUROPA

Bulgarien
Bulgarische
  Schwarzmeer-
  küste
Kroatische Küste/
  Dalmatien
Kroatische Küste/
  Istrien/Kvarner
Montenegro
Rumänien
Slowenien

GRIECHENLAND TÜRKEI ZYPERN

Athen
Chalkidiki/
  Thessaloniki
Griechenland
  Festland
Griechische Inseln/
  Ägäis
Istanbul
Korfu
Kos
Kreta
Peloponnes
Rhodos
Samos
Santorin
Türkei
Türkische Südküste
Türkische Westküste
Zákinthos/Itháki/
  Kefaloniá/Léfkas
Zypern

NORDAMERIKA

Alaska
Chicago und
  die Großen Seen
Florida
Hawai´i
Kalifornien
Kanada
Kanada Ost
Kanada West
Las Vegas
Los Angeles
New York
San Francisco
USA
USA Ost
USA Südstaaten/
  New Orleans
USA Südwest
USA West
Washington D.C.

MITTEL- UND SÜDAMERIKA

Argentinien
Brasilien
Chile
Costa Rica
Dominikanische
  Republik
Jamaika
Karibik/
  Große Antillen
Karibik/
  Kleine Antillen
Kuba
Mexiko
Peru/Bolivien
Venezuela
Yucatán

AFRIKA UND VORDERER ORIENT

Ägypten
Djerba/
  Südtunesien
Dubai
Israel
Jordanien
Kapstadt/
  Wine Lands/
  Garden Route
Kapverdische
  Inseln
Kenia
Marokko
Namibia
Rotes Meer/Sinai
Südafrika
Tansania/
  Sansibar
Tunesien
Vereinigte
  Arabische
  Emirate

ASIEN

Bali/Lombok/Gilis
Bangkok
China
Hongkong/Macau
Indien
Indien/Der Süden
Japan
Kambodscha
Ko Samui/
  Ko Phangan
Krabi/Ko Phi Phi/
  Ko Lanta
Malaysia
Nepal
Peking
Philippinen
Phuket
Shanghai
Singapur
Sri Lanka
Thailand
Tokio
Vietnam

INDISCHER OZEAN UND PAZIFIK

Australien
Malediven
Mauritius
Neuseeland
Seychellen

Viele MARCO POLO Reiseführer gibt es auch als eBook – und es kommen ständig neue dazu!
Checken Sie das aktuelle Angebot einfach auf: www.marcopolo.de/e-books

REGISTER

In diesem Register sind alle in diesem Führer erwähnten Städte und Ausflugsziele verzeichnet. Gefettete Seitenzahlen verweisen auf den Haupteintrag.

IMPRESSUM

SCHREIBEN SIE UNS!

Egal, was Ihnen Tolles im Urlaub begegnet oder Ihnen auf der Seele brennt, lassen Sie es uns wissen! Ob Lob, Kritik oder Ihr ganz persönlicher Tipp – die MARCO POLO Redaktion freut sich auf Ihre Infos.

Wir setzen alles dran, Ihnen möglichst aktuelle Informationen mit auf die Reise zu geben. Dennoch schleichen sich manchmal Fehler ein – trotz gründlicher Recherche unserer Autoren/innen. Sie haben sicherlich Verständnis, dass der Verlag dafür keine Haftung übernehmen kann.

MARCO POLO Redaktion
MAIRDUMONT
Postfach 31 51
73751 Ostfildern
info@marcopolo.de

IMPRESSUM
Titelbild: Monument Valley (Getty Images: AWL Images (Copson))
M. Braunger (29); DuMont Bildarchiv: Bernhart (89), Frischmuth (2 u., 3 u., 41, 42/43, 106/107), Hackenberg (2 M. o., 6, 48, 54, 71, 73, 85, 114), Leue (Klappe l., 22, 95); J. Frangenberg (115); R. Gerth (3 o., 62/63, 100/101, 130/131); Getty Images: AWL Images (Copson) (1 o.); R. Hackenberg (57, 98, 109); Huber: Bernhart (2 o., 5, 80), Eisele-Hein (117), Fichtl (66/67, 102), Giovanni Simeone (37), Mackie (Klappe r., 52/53), Newman (7), Ripani (78), Schmid (26 l.), v. Hoorick (12/13, 58); © iStockphoto.com: Peter Kim (16 o.); Laif: Gallery Stock: M. Adolfsson (2 M. u., 32/33), Heeb (18/19, 24/25, 39, 44, 74, 86, 90/91, 116 u.), Heuer (92); La Terra Magica: Lenz (10/11, 47, 51, 104); Look: age footstock (15); mauritius images: age (4, 64), Alamy (3 M., 8, 9, 20, 26 r., 27, 28, 28/29, 30 l., 30 r., 69, 76/77, 97, 103, 110/111, 112/113), Harding (60), ib (Oke) (82), ib (Weber) (34), imagebroker:gourmetvision (17 u.), SuperStock (114/115); Red Mountain Spa (16 u.); Shine Alternative Fitness (16 M.); K. Teuschl (1 u., 116 o.); The Denver Metro Convention & Visitors Bureau: Steve Crecelius (17 o.)

8., aktualisierte Auflage 2015
© MAIRDUMONT GmbH & Co. KG, Ostfildern
Chefredaktion: Marion Zorn
Autor: Karl Teuschl
Redaktion: Marlis v. Hessert-Fraatz
Verlagsredaktion: Ann-Katrin Kutzner, Nikolai Michaelis, Kristin Schimpf, Martin Silbermann
Prozessmanagement Redaktion: Verena Weinkauf
Bildredaktion: Gabriele Forst
Im Trend: wunder media, München
Kartografie Reiseatlas: © MAIRDUMONT, Ostfildern; Kartografie Faltkarte: © MAIRDUMONT, Ostfildern
Innengestaltung: milchhof:atelier, Berlin; Titel, S. 1, Titel Faltkarte: factor product münchen
Sprachführer: in Zusammenarbeit mit Ernst Klett Sprachen GmbH, Stuttgart, Redaktion PONS Wörterbücher

Das Werk einschließlich aller seiner Teile ist urheberrechtlich geschützt. Jede urheberrechtsrelevante Verwertung ist ohne Zustimmung des Verlags unzulässig und strafbar. Das gilt insbesondere für Vervielfältigungen, Übersetzungen, Nachahmungen, Mikroverfilmungen und die Einspeicherung und Verarbeitung in elektronischen Systemen.
Printed in China

MIX
Paper from responsible sources
FSC® C021256

BLOSS NICHT ☝

Was Sie im Südwesten der USA besser unterlassen sollten

BIER IM AUTO TRINKEN

Die Versuchung ist groß, auf dem einsamen Highway durch die Wüste ein kühles *Bud* zu zischen. Tun Sie es nicht! Alkohol im Auto ist strikt verboten. Schon eine angebrochene Whiskeyflasche auf dem Rücksitz kann bei zufälligen Kontrollen zur Anzeige führen. Offene Flaschen müssen in den Kofferraum!

DIEBE HERAUSFORDERN

Natürlich sollten Sie auf dem Parkplatz im Nationalpark nicht unbedingt die Kamera offen auf dem Sitz liegen lassen – Gelegenheit macht auch in den USA Diebe. Ebenso sollten Sie sich nicht nachts in den dunklen Ecken der Großstädte herumtreiben. Doch im Allgemeinen ist der Südwesten ein recht sicheres Reiseziel, und die Leute sind ehrlich.

MIT ZWEI HÄNDEN ESSEN

Wer mit Messer und Gabel isst, wird sofort als europäischer Tourist erkannt. Die Amerikaner schneiden nur das Fleisch mit beiden Händen, dann kommt die Gabel in die rechte Hand, und es wird gegessen. Angeblich ein Überbleibsel aus dem Wilden Westen: Mit der freien Hand konnte man so den Colt unter dem Tisch bereithalten.

DEN PASS IM HOTEL LASSEN

Nicht weil er dort geklaut würde, sondern weil man ihn immer wieder braucht: Mal fragt die Dame an der Kasse beim Einlösen von Reiseschecks nach der „ID" *(identification)*, mal der Barmann in der Kneipe, mal der Tankwart beim Kauf von Zigaretten oder Alkohol. Ohne „ID" geht nichts.

OHNE WASSER WANDERN

Viele Erstbesucher in der Wüste unterschätzen die Hitze. Im Hochsommer herrschen in Arizona und New Mexico Temperaturen um 40 Grad Celsius. Wer dann nicht genügend Wasser dabeihat, riskiert einen Hitzschlag. Als Faustregel für Wandertouren gilt: eine Gallone (knapp vier Liter) Wasser pro Tag. Dann haben Sie auch eine Reserve, um sich etwas feuchtes Nass über den Kopf zu schütten. Und denken Sie daran: Beim Hiking in den Canyons kommt das härteste Stück Weg meist am Schluss – dann muss man nämlich wieder bergauf.

IM RESERVAT AUFDRINGLICH FOTOGRAFIEREN

Die Tänze in den Pueblodörfern sind keine folkloristischen Vorführungen, sondern religiöse Zeremonien. Als Tourist sollte man sich im Hintergrund halten und nur mit ausdrücklicher Genehmigung fotografieren. Applaus ist übrigens ebenfalls nicht angebracht.

KAKTEENABLEGER MITNEHMEN

Hüten Sie sich, einen Kakteenableger in der Sonora-Wüste auszugraben – wilde Kakteen zu klauen ist in Arizona per Gesetz verboten. Doch in vielen Gärtnereien werden Minikakteen verkauft – fertig verpackt und vom Zoll für den Export freigegeben.